Paris

1912

Palante, Georges

La philosophie du bovarysme, Jules de Gaultier

LES HOMMES ET LES IDÉES

La Philosophie du Bovarysme

Jules de Gaultier

PAR

GEORGES PALANTE

AVEC UN PORTRAIT ET UN AUTOGRAPHE

PARIS
MERCVRE DE FRANCE
XXVI, RVE DE CONDÉ, XXVI

LA PHILOSOPHIE
DU BOVARYSME

DANS LA MÊME COLLECTION

HENRI DE RÉGNIER ET SON ŒUVRE, par Jean de Gourmont, avec un portrait et un autographe........ .... 1 vol.

LA NAISSANCE ET L'ÉVANOUISSEMENT DE LA MATIÈRE, par le Dr Gustave Le Bon.. 1 vol.

DANTE, BÉATRICE ET LA POÉSIE AMOUREUSE. *Essai sur l'Idéal féminin en Italie à la fin du XIIIe siècle*, par Rémy de Gourmont, avec plusieurs gravures sur bois.................... 1 vol.

FRANÇOIS COPPÉE ET SON ŒUVRE, par Gauthier Ferrières, avec un portrait et un autographe........................... 1 vol.

LES HARMONIES DE L'ÉVOLUTION TERRESTRE, par Stanislas Meunier, professeur au Muséum............................. 1 vol.

LA RÉVOLUTION RUSSE ET SES RÉSULTATS, par P.-G. La Chesnais. 1 vol.

MAGNÉTISME ET SPIRITISME, par Gaston Danville............ 1 vol.

FRANCIS JAMMES ET LE SENTIMENT DE LA NATURE, par Edmond Pilon, avec un portrait et un autographe.................. 1 vol.

LE GÉNIE ET LES THÉORIES DE M. LOMBROSO, par Etienne Rabaud. 1 vol.

LA QUESTION D'HOMÈRE. *Les Poèmes homériques, l'archéologie et la poésie populaire*, par A. van Gennep, suivi d'une bibliographie critique par A. J.-Reinach... .... 1 vol.

LA PENSÉE DE MAURICE BARRÈS, par Henri Massis, avec un portrait et un autographe................................ . 1 vol.

L'INTELLIGENCE ET LE CERVEAU, par Georges Matisse .... 1 vol.

REMY DE GOURMONT ET SON ŒUVRE, par Paul Delior, avec un portrait et un autographe................................ 1 vol.

GUSTAVE LE BON ET SON ŒUVRE, par Edmond Picard, avec un portrait et un autographe.......................... .... 1 vol.

CUVIER ET GEOFFROY SAINT-HILAIRE D'APRÈS LES NATURALISTES ALLEMANDS, par E.-L. Trouessart, professeur au Muséum... 1 vol.

LE SALAIRE, SES FORMES, SES LOIS, par Christian Cornélissen. 1 vol.

L'ÉVOLUTION IDÉOLOGIQUE D'ÉMILE VERHAEREN, par Georges Buisseret, avec un portrait et un autographe.................... 1 vol.

ALFRED GIARD ET SON ŒUVRE, par Georges Bohn, avec un portrait et un autographe et la Bibliographie complète de son œuvre. 1 vol.

RENÉ QUINTON. *Origines marines de la vie. Lois de constance originelles. Essai sur l'esprit scientifique*, par Lucien Corpechot, avec un portrait et un autographe.

HENRI POINCARÉ, par Sageret, avec un portrait et un autographe.. 1 vol.

LE VÉGÉTARISME, par Raymond Meunier, chef de Travaux à l'École des Hautes-Études.................................. 1 vol.

*

* *

L'*antinomie* entre existence et connaissance que la notion du Bovarysme introduit au cœur de *l'identité* entre existence et connaissance est, comme toutes les antinomies relevées par la critique philosophique, un obstacle insurmontable pour toutes les métaphysiques qui cherchent la signification de l'existence *au-delà* de la réalité phénoménale. Elle est une explication pour une philosophie qui reconnaît cette réalité pour *la* réalité, qui la tient pour un but et non pour un moyen, qui s'est en conséquence assigné pour objet de rechercher les modes de sa production et non les fins qu'elle aurait mission de poursuivre. Elle est une explication pour une philosophie qui se glorifie de n'être rien de plus qu'une métaphysique du phénomène.

LES HOMMES ET LES IDÉES

La Philosophie du Bovarysme

Jules de Gaultier

PAR

GEORGES PALANTE

AVEC UN PORTRAIT ET UN AUTOGRAPHE

PARIS

MERCVRE DE FRANCE

XXVI, RVE DE CONDÉ, XXVI

MCMXII

M. J. de Gaultier a écrit quelque part : « On n'enseigne pas l'intellectualisme en une école (1). » — Il estime d'ailleurs avec Nietzsche que « toute vraie philosophie est le récit d'une aventure personnelle ». Nulle philosophie ne répond mieux que la sienne à ce signalement. La spontanéité de cette pensée est entière. Aucun impératif scolaire ou professionnel n'est intervenu dans son orientation initiale ni dans son développement. M. Jules de Gaultier est un philosophe de race ; non un philosophe de carrière. On sait que les deux ne coïncident pas toujours. Sa conception du monde est l'expression directe de sa sensibilité.

Comment cette sensibilité se révéla à elle-même ; comment elle perçut d'abord le monde ; comment, en fonction de quelles expériences elle évolua ; comment elle en vint à s'objectiver sous la forme que nous connaissons, ce sont des questions sur lesquelles M. J. de Gaultier ne nous fournit pas de renseignements. La réserve un peu hautaine de sa pensée le détourne des confidences sur l'intimité de son moi, sur les sources premières et profondes de sa personnelle sensation de vie. J'ai pu deviner seulement par quelques mots de lui que cette sensibilité philosophique, à la fois passionnée et contenue, qui est la sienne, s'éveilla de bonne heure. Je sais de lui telle notation psychologique d'une

(1) *Introduction à la vie intellectuelle.*

extrême finesse, qui remonte à une période de sa vie bien antérieure aux années d'apprentissage philosophique et où s'avère une rare précocité du sens intérieur. L'œuvre d'ailleurs parle pour l'homme. La sensibilité philosophique de M. Jules de Gaultier s'exprime déjà intégralement dans cette série d'articles publiés dans la *Revue Blanche*, de décembre 1895 à janvier 1897, sous ce titre: *Introduction à la vie intellectuelle ;* première œuvre qui s'adressait, selon le vœu aristocratique de Stendhal, *to the happy few*, à ces intelligences disséminées à travers le monde qu'il voulait de sa famille intellectuelle. Cette *Introduction* fut écrite presque en entier avant le premier contact de M. de Gaultier avec Nietzsche. Ce contact, on en trouve la première trace dans un article de la *Revue Blanche* intitulé *Frédéric Nietzsche* (1er décembre 1898), publié à l'occasion du *Zarathoustra* traduit par M. H. Albert et du *Par delà le Bien et le Mal*, qui venaient de paraître au *Mercure*. En 1900 paraît le *De Kant à Nietzsche*, bientôt suivi du *Bovarysme*, de *la Fiction universelle*, de *Nietzsche* et *la réforme philosophique*, des *Raisons de l'Idéalisme*, de *la Dépendance de la morale et l'indépendance des mœurs*. Il est inutile de rappeler ici l'impression que produisit l'apparition de cet impérieux *De Kant à Nietzsche* et comment la série des œuvres suivantes grossit d'année en année la première levée d'admirateurs et de disciples qu'avait suscitée cette œuvre magistrale. Un parti-pris de constante clarté, une impeccable tenue littéraire, une logique inflexible unie à un vif sentiment de ce qu'il y a d'arbitraire, d'illogique et d'irrationnel dans l'ensemble comme dans le détail des choses, l'ingéniosité d'une pensée rompue aux exégèses les plus subtiles, aux passes les plus savantes de l'escrime dialectique, un détachement un peu hautain de contemplateur, une imagination d'artiste qui anime d'une vie ardente les personnages du drame métaphysique : telles sont quelques-unes des raisons qui expliquent la séduction exercée par l'œuvre de M. J. de Gaultier sur les esprits réfléchis et indépendants, particulièrement sur ceux de la génération intellectuelle montante. Combien, parmi ces derniers, au sortir des philosophies universitaires restées un peu lourdes, un peu scolastiques, un peu trop imprégnées encore de cet inexpugnable esprit judéo-chrétien, combien ont été saisis, à la lecture de M. Jules de Gaultier, d'un frisson nouveau, de ce frisson que donne l'air léger et puissamment oxygéné des hauteurs ; combien ont embrassé d'un regard avide ces perspectives nouvelles, ces régions solitaires où ne retentit la parole d'aucun pasteur Brandt et où ne se dresse aucun temple, ancien ou nouveau. Et, à la place de ces temples, qu'ils ne souhaitaient plus, ils ont vu s'ériger un palais merveilleux, à l'ordonnance logique et aux proportions harmonieuses, qui semble l'œuvre de quelque Prospéro ou de quelque Merlin initié aux secrets du génie de la Vie et du génie de la Connaissance.

LA SENSIBILITÉ ESTHÉTIQUE. L'OPTIQUE DE L'ARTISTE

La sensibilité qui met en mouvement la pensée philosophique semble dominée, suivant les hommes et les époques, par deux aspirations rarement unies, le plus souvent dissociées et ennemies : la passion de croire et la passion de contempler, le besoin de foi et l'amour de la beauté. La passion de connaître se résout à l'analyse en l'une ou l'autre de ces deux passions maîtresses.

Le philosophe, le chercheur de connaissance se propose au fond l'un de ces deux buts : atteindre à travers la recherche des causes un principe premier où asseoir la foi à laquelle il aspire ; — assouvir et exalter tout à la fois sa passion de la beauté par l'évocation des perspectives sombres ou sereines, enchanteresses ou formidables, de la vie. Croire ! contempler ! ce double vœu a hanté de tout temps les cervelles philosophiques; il a partagé le monde des philosophes en deux types rivaux et ennemis : le sacerdote et l'artiste. Le premier type est infiniment plus répandu que le second. La philosophie, chez la plupart de ses représentants, est une incarnation de l'esprit prêtre. Elle veut être, pour ses fidèles, un refuge, un port, une sauvegarde, une consolation, une promesse et une espérance. Ceux qui ont voulu satisfaire à la fois ces deux aspirations, la passion de croire et la passion de contempler, le besoin de foi et le besoin de beauté, ceux qui ont voulu être à la fois prêtres et artistes, un Platon par exemple, n'ont tiré de leur pensée, si géniale qu'elle ait été, qu'un produit hybride; ils n'ont pu mener à bien ces deux tâches incompatibles : l'une utilitaire, l'autre désintéressée; l'une éthique, l'autre esthétique ; l'une destinée à procurer le salut; l'autre à dispenser la pure joie de la beauté. Rares sont les penseurs qui se sont pleinement affranchis de la manie croyante et de sa compagne naturelle, la manie respectante, ceux qui ont contemplé d'un œil clair le monde sous le seul aspect de la beauté, *sub specie formæ*.

La philosophie comme vision d'artiste ! L'éclosion d'une métaphysique d'artiste ! Tel est le phénomène nouveau que Schopenhauer appelait de ses vœux ; que

Nietzsche, après lui, opposait à l'ancien mode de philosopher et qu'il se flattait d'avoir inauguré dans son premier livre : *l'Origine de la tragédie* (1). C'est également sous ce signe esthétique que se présente à nous la philosophie de M. J. de Gaultier. C'est sous l'optique de l'artiste que le monde et la vie vont nous apparaître.

Sensibilité esthétique ou spectaculaire ou intellectuelle ; peu importe le nom que l'on donne à cette sensibilité philosophique. L'auteur la décrit dans cette *Introduction à la vie intellectuelle*, véritable monographie d'un type intellectuel ; sorte de signalement auquel se reconnaîtront les intelligences apparentées à la sienne. « Ces esprits qu'il faut décrire sont les *Intellectuels*. « Terme séduisant dont on mésuse déjà, mais qu'il faut « retenir, malgré les intonations prétentieuses dont l'af- « fectation le gonfla... Etre intellectuel n'est pas être « doué d'une faculté de comprendre plus aiguë, d'une « imagination plus vive, ni ne correspond à une vivacité « ou à un pouvoir plus grand de l'intelligence. Mais « c'est considérer toutes choses du seul point de vue de « l'intelligence dans sa pureté, de l'intelligence sous- « traite à toute influence du désir, libérée, selon l'ex- « pression de Schopenhauer, du service de la volonté. « L'intellectualisme est un état de dissociation des prin- « cipes de l'être. *Vouloir* et *comprendre* se posent en « antagonistes... L'intellectuel se désintéresse du *vouloir* « et se réfugie tout entier dans le *comprendre*. »

L'intellectualisme est un principe d'indifférence en matière d'opinion et d'inertie en matière d'activité pratique. « A la vue intellectuelle, les questions restent « toujours ouvertes. Aucune certitude ne les enclot ja- « mais... Du point suprême d'où l'intellectuel contemple

(1) Voir *Essai d'une Critique de soi-même*, post-face à *l'Origine de la Tragédie*.

« les acteurs de la Vie, il n'est plus dupe des conclusions « auxquelles ceux-ci se fixent avec sécurité. Car, par « delà chaque horizon borné que tracent autour d'eux, « ainsi qu'un cirque infranchissable de montagnes, leur « présomption, leurs intérêts, leurs passions, il perçoit « d'autres horizons s'élargissant à l'infini, découvrant « des paysages nouveaux, et des flores et des faunes « nouvelles, et des formes nouvelles de la vie. Il sait que « le bilan de la connaissance ne peut jamais être établi; « il sait qu'il n'est point de science définitive et « *qu'il est à tout jamais interdit de conclure*. Cette « connaissance négative est la base de tout intellectua- « lisme. Pour qui considère toutes choses du point de « vue de l'intellect, conclure est l'unique crime, crime « définitif d'ailleurs, qui exclut de la cité... Flaubert, « que hanta, qu'obséda l'apparition à tous les tournants « de la vie de la bêtise aux mille visages, n'en a-t-il pas « donné cette définition philosophique, qui la perce sous « tous ses masques : « La bêtise consiste à vouloir con- « clure. »

« L'intellectuel a donc pour son contraire tout ce qui « a une opinion sociale, religieuse, politique ou philoso- « phique, tout ce qui a une opinion.

« Avoir une opinion, c'est avoir un intérêt à croire « quelque chose... *Comprendre donc s'oppose à croire*, « *puisque croire c'est vouloir*, *et tout intellectuel a* « *pour contraire tout croyant*.

« L'intellectuel a saisi le rapport normal qui seul « existe entre un intellect et une œuvre quelconque de « la volonté : celui de spectateur à représentation. *L'in-* « *tellectualisme comporte une esthétique rigoureuse :* « *mais il ne comporte pas d'éthique*. Cela signifie « que toutes choses ne sont considérées par l'intellectuel « qu'au point de vue de leur beauté, qui est celui de

« leur existence, abstraction faite de leur utilité ou de « leur nocuité pour le contemplateur...

« De ce que l'intellectualisme exclut toute opinion, suit « encore cette conséquence *qu'aucune idée n'engendre « aucun acte*. Cette conséquence suit nécessairement, « une idée n'étant autre chose qu'une vue intellectuelle, « tout acte ayant pour cause précisément une opinion, « soit, plus directement, un instinct ou un intérêt, qui « sont la trame de toute opinion. Aussi n'est-ce pas agir « qui constitue en soi-même un crime contre l'intellect; « un acte ne peut être en réalité autre chose que ce qu'il « est et ne peut avoir d'autre origine que la volonté « exprimée par le tempérament. Mais la croyance qu'un « acte procède d'une idée et est justifié par elle est un « crime contre l'intellect et constitue au sens propre une « perversion mentale et une folie, cette folie qui d'ail- « leurs est l'essence même et la mère de la vie.

« Une dernière remarque s'impose; celle-ci : l'intel- « lectuel appartient encore au monde de la volonté, l'in- « tellectualisme étant une manière d'être d'un tempéra- « ment, l'acte de regarder étant encore un acte. C'est « par une évolution de la volonté elle-même que celle-ci « parvient à se désintéresser d'agir pour ne s'intéresser « plus qu'à se regarder agir. »

C'est dire que l'intellectualisme est un mode de renoncement. De ce renoncement l'attitude exprimée dans l'*Imitation de Jésus-Christ* est un autre mode. Au mode religieux du renoncement, M. J. de Gaultier oppose le renoncement intellectuel dont Erasme, dans son *Eloge de la Folie*, est le protagoniste génial.

« A une date proche de l'*Imitation*, par des voies dif- « férentes et à l'exclusion de tout mysticisme, un grand « esprit a su occuper ce poste contemplatif et considérer « l'univers moral de l'œil désintéressé d'un peintre.

« Avec cette clarté lumineuse d'un esprit qu'allaitèrent « Rome et la Grèce, Erasme s'est complu, en son *Eloge* « *de la Folie*, à montrer le jeu des rouages de la vie « sans nul souci d'y rien modifier et pour les seuls plai- « sirs de l'analyse.

« Cette sérénité calme confère au livre une beauté « plus haute que la satire. Elle ne témoigne pas toute- « fois d'une moindre lassitude de l'acte que celle qui « s'est abattue dans le refuge des versets de l'*Imita-* « *tion;* mais elle diffère de celle-ci en ce qu'Erasme n'a « recours, pour se fortifier, à aucune vaine hypothèse... « Désabusé de vivre, il perçoit nettement le caractère il- « lusoire des motifs pour lesquels on vit. Mais il admire « d'autant plus la force qui transforme ces motifs ina- « nimés, semblables à des masques vides, en la diver- « sité des goûts, en la violence des passions, d'où tout « armés jaillissent les actes. Cette force que nous nom- « mons la *volonté en acte*, et qu'on a coutume de nom- « mer la vie, engendre le pouvoir d'illusion par lequel « toute activité intense se constitue un univers précis en « harmonie avec ses désirs. Cette force, pour Erasme, « est la Folie. Aussi est-ce à juste titre, et dans un sens « profond, que la Folie proclame au cours de son pro- « pre éloge : « A mesure que les hommes s'éloignent de « moi, la Vie se retire d'eux. » Voilà qui retranche les « intellectuels en une catégorie : ils sont ceux-là dont la « Vie se retire. »

Découragement de vivre, aspiration au néant? Est-ce là le dernier mot de cette philosophie d'artiste que nous avons annoncée? L'optique spectaculaire va-t-elle se terminer par ces horizons glacés et ces pentes désolées qui conduisent au néant? Le philosophe artiste va-t-il dire avec un grand contemplateur :

Et toi, divine Mort, où tout rentre et s'efface,
Accueille tes enfants dans ton sein étoilé ;
Affranchis-nous du temps, du nombre et de l'espace
Et rends-nous le repos que la vie a troublé ?

Non ; car nous allons vérifier sur M. Jules de Gaultier une loi qui semble s'appliquer à tous les grands représentants de la sensibilité spectaculaire en notre siècle. Cette loi veut que, dans ces âmes artistes, le pessimisme s'allie à un étrange et invincible amour de la vie ; que la lassitude de vivre s'accompagne du sentiment intense, profond, indestructible, de ce qu'il y a malgré tout d'éternellement jeune, d'éternellement beau, triomphant et adorable dans la vie.

Ils ressemblent à ces amoureux trahis, qui aiment toujours. *Odi et amo*. Un Gobineau exprime un pessimisme sans remède ; il désespère d'une humanité déchue, abâtardie et déclinante. Dédaigneusement, il se sépare d'elle et va désormais contempler la vie du haut de son belvédère spéculatif. Retiré dans sa tour d'ivoire, cet aristocrate meurtri ne jettera plus sur les hommes qu'un froid et impassible regard. Détrompons-nous pourtant. Ce contemplateur désabusé garde à la vie une sympathie secrète. Le même écrivain qui vient de tracer les lignes désespérées qui clôturent le *Discours sur l'inégalité des races* va, quelques années plus tard, écrire ces *Nouvelles Asiatiques*, si débordantes de jeunesse, d'amour de la vie, d'amour du pittoresque à travers les races bigarrées de la changeante humanité. — Leconte de Lisle contemple, lui aussi, du haut d'un Hymalaya désolé, l'absurde et magnifique spectacle des choses. Mais au fond il pardonne à la vie son mensonge et sa cruauté ; il l'adore quand même, parce qu'elle est belle de son mensonge et de son mystère, parce qu'elle reste l'enchanteresse et voluptueuse Maya. — Flaubert exprime ainsi son pessimisme spectaculaire : « La vie est chose tellement hideuse que le seul moyen de la supporter, c'est de l'éviter. Et on l'évite en vivant dans l'art, dans la recherche incessante du vrai rendu par le beau. » — Ailleurs : « Vous serez à la comédie de l'humanité ; et il vous semblera que l'Histoire a passé sur le monde pour vous seul. » — Mais à quelques lignes de là, dans cette même correspondance, Flaubert va exprimer son amour exalté de la vie et de la grandeur de la vie. « Nous ne profitons de rien ; nous sommes seuls. *Seuls* comme le Bédouin dans le désert. Il faut nous couvrir la figure, nous serrer dans nos manteaux et donner tête baissée dans l'ouragan et toujours — incessamment, jusqu'à notre dernière goutte d'eau, jusqu'à la dernière palpitation de notre cœur. Quand nous mourrons, nous aurons cette consolation d'avoir fait du chemin et d'avoir navigué dans le grand (1). » Le dilettantisme contemplatif de M. A. France recouvre un fond indéniable de pessimisme. Ce pessimisme s'exprime le plus nettement dans l'apologue où la vie est comparée à un vaste atelier de poterie. On y fabrique toutes sortes de vases pour des destinations inconnues et dont plusieurs, rompus dans le moule, sont rejetés comme de vils tessons, sans avoir jamais servi. Ce sont les enfants qui meurent. Les autres ne sont employés qu'à des usages absurdes ou dégoûtants. Ces pots, nous enseigne M. A. France, c'est nous. Mais M. A. France est trop artiste pour rester sur cette impression assombrissante. Il aime trop cette vie mouvante dont les flots s'élèvent et s'abaissent comme ceux de la mer Hadria et multiplient à l'infini les sourires de la lumière ; comme le pauvre moine Giovanni

(1) Flaubert, *Correspondance*, 3e série, pp. 86-87.

désabusé par le Docteur Subtil (1), il goûte trop « l'illusion délicieuse des choses » et la douloureuse volupté de vivre.

En tout spectaculaire il y a un artiste et en tout artiste il y a un amant de la vie. M. Jules de Gaultier ne fait pas exception à cette loi. Il exprime, lui aussi, la fidélité du contemplateur et de l'artiste à la vie décevante :

« L'activité esthétique débute avec le fait de conscience « pur et simple ; elle accompagne, chez l'homme et sous « cette forme élémentaire, presque tous les actes qu'il « accomplit. Mais nous ne la distinguons expressément « que lorsqu'elle commence à se développer au détriment « de l'acte utilitaire qui la supporte, que lorsqu'elle s'en « détache et conquiert son entière indépendance. S'étant « formé, dans l'individu, d'une dissociation des éléments « de l'activité individuelle, le sens esthétique s'élargit à « la contemplation de toute action exprimée dans l'uni- « vers. Parvenu à sa parfaite autonomie, il devient in- « différent au succès ou à l'insuccès des processus uti- « litaires qui lui sont un spectacle. Il semble donc qu'il « implique, ainsi que le veut Schopenhauer, un état de « désintéressement, un renoncement de la volonté aux « fins qu'elle s'était proposées. C'est ce qu'il faut accor- « der, mais il faut constater aussitôt que si la volonté « renonce aux premières formes de son désir, c'est parce « qu'elle a greffé sur celles-ci des formes plus raffinées. « Le renoncement a donc ici une contre-partie ; il n'est « qu'apparent et marque une simple transposition du « désir. Si la volonté se supprime sous son premier as- « pect, c'est pour ressusciter sous un aspect rénové aussi « ardente que jadis, aussi fidèle à elle-même...

« Cette genèse du sens esthétique ne semble en désac-

(1) Dans *l'Humaine Tragédie.*

« cord avec aucune des thèses essentielles de la Volonté « de Puissance. Le sens esthétique s'y montre conditionné par l'existence antécédente d'un surcroît de « force, il fleurit sur la force et apparaît ainsi qu'une « attitude luxueuse de l'activité (1). »

Et un peu plus loin, rappelant un symbole de Nietzsche qu'il interprète un peu autrement que l'auteur de *la Volonté de puissance* :

« A appliquer, dit M. J. de Gaultier, les images créées « par Nietzsche à cette conception qui, semble-t-il, eût « pu être la sienne, à considérer les idées *joie* et *peine* « sous le jour de leur rapport avec le sentiment de puis- « sance, on pourrait voir, en cet excédent de force par « lequel la volonté l'emporte sur les fatalités qui la « pressent, et sourit au-dessus de sa tâche, en ce sens « contemplatif, où ce surcroît de puissance éclate, cette « joie plus profonde que la peine, qui aux douze coups « de l'heure détermine le oui nuptial par lequel la Vie « se jure à elle-même la fidélité de l'anneau (2). »

On notera ici l'évolution de la sensibilité esthétique en vertu de laquelle l'attitude de renoncement décrite dans *l'Introduction la vie intellectuelle* se mue, dans l'âme de l'artiste, en amour de la vie, en l'apothéose de la vie célébrée en *De Kant à Nietzsche* et dans *Nietzsche et la réforme philosophique*. La vie, d'abord maudite pour sa cruauté, est maintenant adorée et célébrée pour sa beauté (3). Il y a ici une conversion du vouloir orientée en sens inverse de celle que souhaitait Schopenhauer. Pour l'artiste épris de la vie, le pessimisme lui-même n'est qu'un des aspects de la plénitude de la vie, de même que la maladie n'est qu'un des aspects des

(1) *Nietzsche et la Réforme philosophique*, p. 75.
(2) *Nietzsche et la Réforme philosophique*, p. 78.
(3) *De Kant à Nietzsche*, p. 303.

forces biologiques (1). Plus d'un artiste ressemble à Beethoven qui, nous dit M. Fierens Gevaert, s'ingéniait à accentuer la tristesse de sa vie. « Elle était, dit-il, nécessaire à son art. »

Le sens esthétique, ce n'est plus la vie se renonçant elle-même ; c'est au contraire la vie intensifiée et approfondie, la vie « doublée et redoublée », selon une expression du Comte de Gobineau. C'est dans ce sens qu'il faut entendre désormais le précepte formulé par M. J. de Gaultier : *Transmuer la sensation en perception.* L'attitude esthétique n'est plus pour lui ce qu'elle fut pour Schopenhauer, un avant-goût du néant, une méditation de la mort, une attitude pour mourir. Elle est ce qu'elle fut pour Nietzsche, du moins pour le premier Nietzsche, le Nietzsche de *l'Origine de la tragédie* (car le Nietzsche de plus tard, le Nietzsche de *Zarathoustra* et surtout celui de *la Volonté de Puissance* n'attribua plus au phénomène esthétique qu'un rôle de second plan) : elle est, dis-je, pour M. J. de Gaultier, l'attitude explicative par excellence et révélatrice du sens de l'univers. La phrase de Nietzsche dans *l'Essai d'une critique de soi-même* pourrait servir d'épigraphe à l'œuvre entière de M. J. de Gaultier : « L'existence du monde ne peut se justifier que comme phénomène esthétique. »

A chaque sorte de sensibilité correspond une sorte d'imagination. Il y a rapport étroit entre la sensibilité et l'imagination esthétiques. Des yeux de peintre et de sculpteur ouverts sur des perspectives métaphysiques, c'est presque la genèse entière de l'œuvre de M. de Gaultier. L'auteur de *De Kant à Nietzsche* et du *Bovarysme* est certainement un visuel ; je dirais presque un visionnaire, si ce mot n'avait parfois un sens péjoratif

(1) Voir sur ce point : Estève et Gaudion, *les Héritages du romantisme*, p. 60.

qui trahirait ma pensée. — Visuel, visionnaire, dans le bon sens du mot, M. J. de Gaultier l'est par l'intensité des tableaux qu'il évoque, par le don de transfigurer les idées abstraites en formes vivantes. Qu'on lise en *De Kant à Nietzsche* la description de l'illusion panoramique qui figure l'illusion phénoménale (p. 87) ou encore la pittoresque comparaison que voici : « Les « idées de Vérité et de Liberté sont des fictions, mais « des fictions naturelles, engendrées par la Vie qui ment « dès qu'elle se meut. La touffe d'herbes fraîches atta- « chée, pour le dresser, devant les naseaux du cheval « qui, dans un manège forain, fait tourner le cirque « des chevaux de bois, n'a par elle-même aucune vertu « pour faire mouvoir l'appareil, mais le cheval, attelé et « harnaché, s'élance vers l'herbe fraîche qui fuit devant « lui d'une vitesse égale à celle qu'il déploie pour l'at- « teindre. Ainsi il entraîne de son effort tout le cirque « des chevaux de bois, avec ses cavaliers enfantins, ses « écuyères en fête, parmi le bruit des propos et des « chants, dans un fracas d'orgues et de cymbales, sous « la lumière des quinquets multicolores. La Vérité, la « Liberté sont pour l'homme ces bouquets d'herbes « fraîches : l'homme croit qu'une Vérité fixe est assi- « gnée comme un but à l'effort intellectuel ; il croit « qu'il dispose d'un libre arbitre, c'est-à-dire du pou- « voir de se modifier lui-même, dans le sens de la Vérité « qu'il aura trouvée. Et l'homme aussi prend sa course « vers ces promesses fleuries qui règlent la vitesse de « leur fuite sur l'énergie de son élan. De la sorte est « mis en branle le diorama infiniment complexe du « monde moral, parmi le cortège des civilisations, la « clameur des prières, la frénésie des actes et la médi- « tation des philosophes (1). »

(1) *De Kant à Nietzsche*, p. 117.

LA PHILOSOPHIE COMME ŒUVRE DE SCIENCE ET COMME ŒUVRE D'ART

Le monde vu sous l'optique de l'artiste! La philosophie comme vision d'artiste! Ces expressions seraient-elles acceptées de tout point par M. J. de Gaultier pour désigner sa philosophie? Cela n'est pas sûr. M. de Gaultier nous dit à plusieurs reprises qu'il traite la philosophie comme une science. Bien plus, il la regarde comme une science exacte et même comme une science achevée. Elle est la science du savoir, la science de la connaissance telle que l'a formulé Kant; telle que Schopenhauer l'a reprise et mise au point. Elle se présente ainsi avec un caractère d'impersonnalité et d'universalité auquel n'atteignent pas les intuitions du sens esthétique. — Y a-t-il antinomie entre ces deux conceptions de la philosophie : la philosophie comme œuvre de science, et la philosophie comme œuvre d'art? La question vaut la peine d'être posée, car l'antithèse est classique entre la science et l'art. Mais elle est peut-être moins difficile à résoudre qu'elle ne paraît au premier abord. L'idée que M. J. de Gaultier se fait de la philosophie comme science est assez large pour admettre l'introduction dans la philosophie du point de vue esthétique et d'autre part l'idée qu'il se fait de l'activité esthétique est également assez vaste pour envelopper tous les modes de la connaissance, depuis le plus élémentaire qui est la perception, jusqu'au plus raffiné et au plus savant : la théorie de la connaissance elle-même. D'un côté la philosophie entendue comme l'entend M. de Gaultier, c'est-à-dire comme moyen et comme science du savoir (par opposition à l'ancienne philosophie définie comme moyen et comme science du bonheur), la philosophie, dis-je, définie comme la science de la connaissance, suppose et détermine à la fois chez le philosophe une attitude purement esthétique : « A « l'égard d'un jeu d'apparences dont le caractère illu- « soire est dénoncé, s'il n'est plus possible d'adopter « l'attitude du moraliste aspirant à la vérité, il est pos- « sible encore d'adopter celle du spectateur épris de la « beauté d'un spectacle, l'attitude esthétique. Kant a-t-il « eu conscience de cette posture que pouvait suggérer à « l'esprit la vision de l'existence phénoménale suscitée « par sa doctrine ?... Ce n'est pas sans intention, sans « doute, qu'il a nommé *Esthétique transcendentale* « cette première partie de la *Critique* et la plus impor- « tante aussi, au cours de laquelle il donne le temps et « l'espace comme des propriétés de l'esprit et non de « l'objet. Ce n'est pas sans intention, sans doute, qu'il a « compris dans la catégorie de *l'esthétique* l'étude de ces « moyens de représentation, à travers lesquels nous n'at- « teindrions qu'un jeu d'apparences, les opposant à *l'éthi- « que* qui seule nous mettrait en rapport avec la réalité « véritable. Si, selon l'indication de Kant, l'idéalisme « détermine dans les domaines où il est appliqué la sub- « titution d'une conséquence et d'un but esthétiques à « des conséquences et à un but éthiques, il y aura donc « lieu, d'un point de vue d'idéalisme universel, d'at- « tribuer à l'existence des fins strictement esthétiques « et non plus éthiques (1). »

D'autre part, l'esthétique s'insinue dans tout acte de connaissance.

« L'état spectaculaire qui trouve sa réalisation plé-

(1) J. de Gaultier, *les Deux erreurs de la Métaphysique*. Revue philosophique de février 1909, p. 129.

« nière dans le sentiment esthétique et y montre son « excellence, est mêlé, sous sa forme élémentaire de per- « ception, puis sous les formes de la curiosité, depuis « les plus vulgaires jusqu'aux plus nobles, à toutes les « modalités de l'existence (1). »

La philosophie, floraison ultime de l'Instinct de connaissance, est à la fois œuvre de science et œuvre d'art. Comme science, elle est la science de la connaissance, comme art, elle est la vision panoramique du monde que soutient la science de la connaissance ; elle est, selon une formule de Carlyle, une « peinture spirituelle » de l'univers.

Ainsi semble se réaliser dans l'œuvre de M. J. de Gaultier, le mariage de la philosophie et de l'art souhaité par Schopenhauer et célébré par lui dans un chapitre capital des *Parerga : la Philosophie, la Vie, l'Art et la Science.* La philosophie, d'après Schopenhauer, se distingue des sciences positives particulières et se rapproche de l'art, à la fois par son objet, par ses procédés et par ses caractères essentiels. Par son objet d'abord : car tandis que les sciences s'attachent au *pourquoi*, la philosophie s'attache au *comment*. Les sciences ne font que dévider, conformément au principe de raison suffisante, l'interminable écheveau des phénomènes, toujours en quête d'une réponse aux pourquoi sans cesse renaissants que suscite chacun d'eux; la philosophie arrête au passage les formes mouvantes de la vie et les fixe en une fresque ou en un bas-relief où leur image soudain immobilisée apparaît au contemplateur sous le pur aspect de la beauté ! « Le principe de raison suffisante, sous ses quatre formes, ressemble à une tempête

(1) J. de Gaultier, *Pragmatisme. Mercure de France* du 1er février 1909, p. 425. — Voir, pour le développement de la même pensée *les Raisons de l'Idéalisme*, pp. 22-23.

sans commencement ni fin, qui entraîne tout dans son tourbillon. La science se perd dans cette recherche indéfinie, emportée par le tourbillon de la causalité. Mais l'art ressemble à la tranquille lumière du soleil que n'ébranle aucune tempête et qui brille à travers celle-ci... Le philosophe n'a pas à s'occuper du « pourquoi », comme le physicien ou l'historien, il n'a qu'à considérer le « comment », à le consigner en notions qui sont pour lui ce que le marbre est pour le sculpteur (1). »

Ce n'est pas seulement par son objet que la philosophie s'apparente à l'art. C'est aussi par son procédé : l'intuition (ce que Schopenhauer appelle la contemplation de l'idée) ; c'est aussi par son caractère de plénitude et d'achèvement. Comme l'art en effet et surtout comme la musique que Schopenhauer appelle l'art royal par excellence, la philosophie donne à chaque instant une satisfaction complète à l'esprit : « Elle a, à chaque instant, touché son but qui est de reproduire et d'exprimer le monde (2). »

Comme l'art enfin, la philosophie est une activité réservée à une élite. Elle est d'essence noble. Elle est chose *paucorum hominum*. « Comme toute véritable œuvre d'art, la philosophie est la mesure à laquelle chacun peut juger sa propre taille... Elle n'est pas accessible sans distinction de personne. Elle est comme la *Madone* de Raphaël, le *Don Juan* de Mozart, l'*Hamlet* de Shakespeare et le *Faust* de Gœthe, qui n'existent que selon la mesure de la valeur de chacun, c'est-à-dire qu'ils n'existent à peu près pas pour la plupart des gens (3). »

(1) Schopenhauer, *Parerga*, Philosophie et philosophes, trad. Dietrich (Alcan), p. 126.
(2) Schopenhauer, *loc. cit.*, p. 130.
(3) Schopenhauer, *loc. cit.*, p. 121.

La conception que M. J. de Gautier se fait de la philosophie répond trait pour trait à ce signalement. La philosophie, d'après lui, s'attache non au pourquoi, mais au comment ; elle est une simple description de l'intelligence humaine en tant qu'appareil générateur de l'illusion cosmique et elle est aussi une description de cette illusion elle-même. Elle est le livret de la féerie qui se joue sous nos yeux.

Pour M. J. de Gaultier comme pour Schopenhauer, la philosophie est à tout moment achevée ; puisqu'elle nous présente l'image d'un monde qui atteint à chaque instant toute sa fin (1), en se contemplant lui-même et en jouissant de sa propre beauté par une sorte de narcissisme métaphysique. La philosophie enfin, selon M. J. de Gaultier, est, comme l'art, le privilège d'une élite. Si l'état spectaculaire se trouve en germe dans l'acte élémentaire de la pensée : la perception, et cela chez n'importe quel homme, cet état ne prend pourtant tout son développement et sa nature plénière qu'en quelques esprits qui mettent leur joie suprême dans l'acte contemplatif.

Non seulement M. J. de Gaultier proclame comme Schopenhauer l'originalité de la philosophie vis-à-vis des sciences, mais il met les sciences sous la dépendance de la philosophie ; il fait d'elles, à quelque égard, les « servantes de la philosophie » non dans le sens ancien et périmé de cette expression, mais dans le sens nouveau et subtil qu'autorise l'optique de l'artiste. Cela signifie que les sciences servent, comme la philosophie elle-même, à la satisfaction du sens spectaculaire.

« La philosophie répond à la question que son objet

(1) Voir, sur le caractère complet et achevé de la philosophie comme représentation esthétique du monde : *la Dépendance de la morale et l'Indépendance des mœurs*, p. 338.

« comporte en assignant pour but à l'existence l'appa-
« rition d'elle-même à sa propre vue, en montrant que
« toute l'activité de l'existence, en tant que fait de pen-
« sée, se dépense en la production du phénomène et se
« récupère en sa contemplation. Dès lors, la science qui
« a pour objet de faire apparaître des aspects nouveaux
« et plus précis du phénomène, la science assume une
« valeur indiscutable, dès qu'elle réussit dans cette
« tâche (1)... » « Il semble ainsi qu'en vue de la fin
« spectaculaire où elle a reconnu la fin de l'existence, la
« philosophie ait passé la main à la science seule quali-
« fiée désormais pour assouvir sa passion de connaître
« dans le domaine de la relation où se rencontrent ses
« objets (2). »

Ainsi la science, comme la philosophie, ne reçoit sa pleine signification que sous l'optique de l'artiste.

IDÉE GÉNÉRALE QUI DOMINE LA PHILOSOPHIE DE M. J. DE GAULTIER : ANTITHÈSE DE L'INSTINCT VITAL ET DE L'INSTINCT DE CONNAISSANCE

Dès son *Introduction à la vie intellectuelle*, M. J. de Gaultier se montre frappé par une antithèse qui va dominer toute sa philosophie : celle de l'instinct vital et de l'instinct de connaissance.

Ces instincts sont les deux grands protagonistes du drame vital ; ils se disputent l'univers et chaque individu pensant ; ils inspirent les deux grandes philosophies

(1) J. de Gaultier, *les Deux erreurs de la Métaphysique*. Rev. philosoph. de février 1909, p. 139.
(2) *Loc. cit.*, p. 140.

rivales ; la philosophie de l'instinct vital et la philosophie de l'instinct de connaissance.

La distinction de ces deux instincts exprime les deux aspects du phénomène humain. L'homme est à la fois un être vivant et un sujet de connaissance. Sans doute l'homme vit avant de connaître; mais il n'importe. La connaissance s'éveille en lui à un certain moment et désormais le désir de vivre et le désir de connaître vont cohabiter en lui sous la double loi d'une indissoluble solidarité et d'un perpétuel antagonisme. L'Instinct vital s'ingénie simplement à vivre ; il s'adapte, il surmonte les obstacles, tourne les difficultés, trompe l'adversaire, se plie au milieu ou s'insurge contre lui. L'Instinct de connaissance analyse, médite, réfléchit, raisonne, apprécie, édifie des systèmes. Penché sur la vie, il la contemple. Il est le spectateur du drame où il se trouve parfois mêlé comme acteur ; car, rivé à son frère ennemi, il le suit bon gré mal gré dans les entreprises où ce dernier l'entraîne. Il le suit et il le sert, Ariel enchaîné par Caliban. Car l'Instinct vital prime et opprime l'Instinct de connaissance ; il l'utilise pour ses fins; profite de sa clairvoyance dans les cas difficiles, mais refuse jusqu'au bout de l'émanciper. Ce n'est qu'exceptionnellement que l'Instinct de connaissance secoue le joug, s'enfuit dans l'air libre et contemple pour son propre compte. C'est alors qu'éclate l'antagonisme de la vie et de la connaissance.

Emancipé du service de la vie, l'Instinct de connaissance se retourne contre elle ; il va détruire la vie. Il dissocie les croyances utiles à la vie. Il est l'Esprit qui toujours nie.

L'Instinct vital est un esprit d'incuriosité voulue à l'endroit d'un certain nombre de principes philosophiques et moraux posés de parti-pris comme des éléments inanalysables, comme des blocs où la critique ne saurait mordre. — L'Instinct de connaissance est l'esprit d'incroyance et d'athéisme à l'endroit de toute idole. C'est le refus de l'arrêt dans l'analyse.

L'Instinct vital est intéressé, pratique, cupide, retors comme un homme d'affaires sans scrupules ; il ne recule devant rien pour arriver à ses fins et roule toujours son adversaire. — L'Instinct de connaissance, purement contemplatif, est désintéressé, sincère et véridique. Il se donne pour ce qu'il est et pour ce qu'il veut être : un pur miroir de l'univers. Il nous fait voir les choses telles qu'il les voit lui-même.

L'Instinct vital, passionné, ardemment épris de son objet, esclave de ses amours et de ses haines, ne peut jeter sur le monde un regard clairvoyant. — L'Instinct de connaissance est serein, impassible, inexorablement lucide.

L'Instinct vital se rencontre en tout être humain, chez le plus vulgaire comme chez le plus raffiné. Mais l'Instinct de connaissance sous sa forme la plus haute, celle où il s'affranchit des suggestions de l'instinct vital, suppose de particulières qualités de clairvoyance. La pure contemplation est une attitude du luxe et de loisir. Les adeptes de l'instinct de connaissance sont les aristocrates de la pensée.

L'Instinct vital s'incarne sous sa forme la plus frappante, la plus grandiose, la plus puissante et tyrannique dans les collectivités et les institutions sociales. — L'Instinct de connaissance, sous ses formes les plus pures, les plus dégagées de l'emprise de l'instinct vital ne trouve un refuge que dans l'asile de quelques rares consciences individuelles. Il favorise de ses révélations le solitaire, le spéculatif retiré de la foule et qui plane quelques instants tout au moins au-dessus des appétits, les intrigues et des luttes. L'instint vital s'identifie ici à l'instinct social ; ce dernier voit dans le solitaire spéculatif un ennemi ; ennemi méprisé et haï ; méprisé parce que faible ; haï parceque clairvoyant et indompté.

Chacun de ces deux instincts va jusqu'au bout dans sa direction. L'instinct de connaissance, chez ses plus hauts adeptes, engendre une absolue bravoure intellectuelle ; il a toutes les intrépidités ; il veut voir clair jusqu'au bout dans sa propre pensée, il veut couler à fond toutes ses idées. Il est sans scrupules dans ses exigences comme l'Instinct vital l'est dans les siennes.

Mais cette hostilité des deux principes ne doit pas nous faire perdre de vue leur solidarité. On ne conçoit pas les deux instincts dissociés d'une façon absolue. La sensation (plaisir, douleur, désir, impulsion vitale) et la perception (fait élémentaire de la connaissance) sont dans toute conscience inséparables l'un de l'autre. — Sans doute ces deux faits ne sont pas toujours proportionnels l'un à l'autre et l'on a même pu poser cette loi de psychologie élémentaire : la sensation est en raison inverse de la perception. Mais l'énoncé même de cette loi indique qu'il n'y a jamais de sensation sans quelque mélange de connaissance, non plus qu'il n'y a de perception absolument pure de toute émotion et de tout désir.

L'Instinct vital est le substratum nécessaire de l'Instinct de connaissance. Sans vie, sans quelque obscur désir de vivre, sans quelque tendance de l'être à persévérer dans l'être, il n'y a pas de contemplation possible ; pas même cette contemplation éthérée, falote et fantômatique, ce clair de lune contemplatif que raille Nietzsche dans son *Zarathoustra*, rayon lunaire frôlant mélancoliquement les réalités de la vie sans les posséder jamais ni en jouir.

L'attitude contemplative, le plaisir de comprendre émergent peu à peu de l'action et de l'expérience de la vie. Ce n'est qu'après avoir souffert, après s'être indigné et révolté, qu'on arrive à la sérénité contemplative, quand on y arrive. Bien souvent l'attitude spectaculaire est, pour l'être qui a souffert, un pis-aller, une attitude de résignation. Avant d'y parvenir, il a longtemps frémi; quelquefois même il frémit encore de l'injure reçue, de l'injustice subie. « Il y a du trouble dans nos sérénités, dit M. Paul Bourget, comme il y a de la révolte dans nos soumissions (1). »

L'Instinct de connaissance est peut-être une forme ultime, la plus raffinée de l'Instinct vital. — Mais d'autre part que serait l'instinct vital isolé de l'instinct de connaissance? L'être en qui l'instinct vital régnerait seul serait voué à l'emportement du désir inassouvi et furieux au point de s'ignorer lui-même, à la folie du mouvement, à la frénésie de l'action trépidante et épileptique, insaisissable pour elle-même, insensible à la joie et à la douleur de vivre, puisqu'il est impossible de concevoir la joie et la douleur étrangères à toute conscience, la sensation pure de toute perception.

S'il en est ainsi, dira-t-on, l'antithèse que vous venez de poser entre l'instinct vital et l'instinct de connaissance n'est-elle pas artificielle ? N'est-elle pas un simple jeu de philosophe qui consiste à opposer deux termes pour avoir ensuite le plaisir de les rapprocher et de les réconcilier ?

Nullement, répondrons-nous. Car si ces deux éléments sont toujours donnés ensemble, il faut aussi considérer la proportion où ils sont donnés. Or, cette proportion, comme l'exprime la loi de psychologie élémentaire que

(1) *Essais de Psychologie contemporaine*, I, p. 9.

nous citions plus haut, cette proportion est telle que l'un des éléments y est en raison inverse de l'autre. Cette loi se vérifie à travers toute l'évolution affective et intellectuelle. La passion exclut l'analyse ; l'aveuglement des amants, thème banal des romanciers et des dramaturges, illustre mieux que tout autre exemple la contradiction qui existe entre l'instinct vital et l'instinct de connaissance.

La rivalité des deux instincts alimente le drame humain. L'instinct vital jalouse l'instinct de connaissance comme Caliban jalouse Ariel. Il lui en veut secrètement de son attitude d'aristocrate. Surtout il voit en lui un ennemi ; il redoute sa clairvoyance antivitale. Il craint toujours de voir son captif lui échapper et tente de le compromettre dans ses propres sottises. Il voudrait l'égaler en lucidité, en détachement aristocratique ; il va jusqu'à imiter gauchement ses gestes et ses attitudes pour faire figure dans le monde. Peine perdue ! L'instinct de connaissance garde ses avantages sans conquérir son indépendance. Captif du maître grossier dont la sottise ne l'abuse pas, il lui joue de mauvais tours, raille les masques piteux dont il s'affuble, les armes vulgaires dont il se sert, les prétentions qu'il affiche, les manières autoritaires qu'il affecte, les gaffes qu'il commet, il le convainc à chaque pas de mauvaise foi, de crédulité, de bassesse et de bêtise.

L'antithèse entre l'instinct vital et l'instinct de connaissance n'est pas neuve dans l'histoire des idées. L'antique légende du voile d'Isis qu'on ne soulève pas sans mourir en est l'expression classique. Schopenhauer a aussi traité ce thème ; il a montré l'instinct vital finalement vaincu par l'instinct de connaissance. M. Jules de Gaultier n'accepte pas l'idée d'une défaite définitive de l'instinct vital par l'instinct de connaissance ; solution qui couperait court au drame de l'univers et à la curiosité philosophique. Pour lui, la lutte entre les deux principes est éternelle, éternellement féconde et créatrice de réalité.

Quel est, dans cette lutte, celui des deux adversaires auquel vont les sympathies de M. Jules de Gaultier ? La réponse ne peut être douteuse. Elles vont à l'Instinct de connaissance. Comment pourrait-il en être autrement ? M. J. de Gaultier n'a-t-il pas défini la philosophie : la science de la connaissance et la vision panoramique de l'univers en harmonie avec les lois essentielles de l intellect? La philosophie ainsi comprise n'est-elle pas fille de l'instinct de connaissance ?

M. J. de Gaultier cède évidemment à une préférence de tempérament intellectuel, quand il célèbre les attitudes dédaigneuses de l'Instinct de connaissance à l'endroit de son rival, quand il souligne la vulgarité des attitudes de ce dernier, la bassesse de ses démarches et l'improbité de ses moyens. Il faut lire les pages étincelantes où il trahit son parti pris d'aristocrate de la pensée en faveur de l'Instinct de connaissance et où il fustige, d'une main légère et dédaigneuse, sur le dos de M. Cousin et autres pontifes du culte de l'Instinct vital, la présomption et l'infatuation aristocratiques de ces plébéiens de l'intelligence.

« Le grand rire, le rire abstrait, qui est le propre de « l'Instinct de connaissance quand il a pris conscience « de lui-même et que, sachant son rôle, ayant abdiqué « toute prétention à organiser la vie, il goûte en specta- « teur les péripéties de la représentation phénoménale, « ce rire silencieux parmi l'admirable surdité des vi- « vants retentit durant tout le cours de la parade méta- « physique. L'instinct vital, engoncé en des hauts-de- « chausses philosophiques, cherchant à se parer de la

« noblesse et de la froideur hautaine de la connaissance, « est un Bourgeois gentilhomme non moins comique « que l'autre pour qui sait le voir évoluer. Mais le co- « mique s'idéalise si on le voit accompagné par quelque « vieux serviteur, dupe lui-même de ses belles manières, « signalant par un redoublement de respect les faux pas « où il trébuche. M. Cousin tient à la perfection le rôle de « ce vieux serviteur et c'est merveille de le voir, au cours « de son *Histoire de la Philosophie*, gardien du pro- « tocole monothéiste, repousser d'un geste sobre les sys- « tèmes métaphysiques qui blessent l'étiquette... (1). »

Est-ce à dire que M. J. de Gaultier va prendre parti définitivement pour l'instinct de connaissance et lui sacrifier son rival ? Nullement. Ce serait du même coup condamner à mort l'instinct de connaissance qui suppose comme substratum l'instinct vital.

M Jules de Gaultier nous a fait l'aveu d'une préférence de tempérament pour l'instinct de connaissance. Mais ce même tempérament spectaculaire va maintenant l'inviter à rendre justice à l'instinct vital, à reconnaître son importance et sa pérennité en face de l'instinct de connaissance. Il nous montrera dans l'instinct vital le pourvoyeur inlassable de l'instinct de connaissance, le créateur éternel du drame humain. Et même l'instinct de connaissance n'a ses sympathies que pour autant qu'il ne s'insurge pas désespérément contre l'instinct vital et qu'il ne va pas jusqu'à le mettre à mal. Car la plus haute attitude du connaisseur ne consiste-t-elle pas à reconnaître les fatalités de l'existence, à donner à ces fatalités un acquiescement clairvoyant et joyeux ; *amor fati ?* — M. J. de Gaultier fera donc abstraction de ses sympathies personnelles et occasionnelles à l'endroit de

(1) *De Kant à Nietzsche*, pp. 43-41.

l'instinct de connaissance. Bien que philosophe de la connaissance ou plutôt parce que philosophe de la connaissance, il fera à l'instinct vital la part qui lui revient, la part léonine. L'instinct vital est destiné à triompher. C'est en vain que l'instinct de connaissance voudrait se mettre en travers de la vie et dénoncer les ruses du Génie de l'espèce. La nature, comme dit Renan, a trop bien pipé les dés. L'humanité se laissera toujours prendre à ses promesses. Elle n'est pas découragée par les épreuves les plus décourageantes ; elle n'est pas démoralisée par les faits les plus démoralisants. Elle est, dans sa foi en la vie, d'une jeunesse éternelle.

LA PHILOSOPHIE DE L'INSTINCT VITAL ET LA PHILOSOPHIE DE L'INSTINCT DE CONNAISSANCE

Les deux instincts rivaux donnent lieu à deux philosophies antagonistes. Dans les philosophies de l'instinct vital, l'intellect n'est pas sa fin à lui-même ; il est un moyen au service du vouloir. Toute philosophie de l'instinct vital est une philosophie de croyant, d'homme qui veut croire parce qu'il a intérêt à croire. L'intérêt qui le porte à croire est le souci du bonheur. La philosophie de l'instinct vital sera donc eudémoniste. Comme le désir du bonheur tend, dans tout groupe organisé, à prendre une forme collective et impérative, la philosophie de l'instinct vital prendra l'aspect d'une éthique. Cette éthique, pour s'imposer à ses adeptes, devra édicter des principes absolus. Elle parlera au nom du Dogme ou de la Raison ; elle sera religieuse ou rationaliste. Sous ces deux formes, elle devra élever une barrière infranchissable entre l'absolu et le relatif, entre l'Etre en soi, principe de toute vérité et de tout bien, et la créature imparfaite et dépendante. C'est dire qu'elle sera dualiste. Le dualisme à son tour implique la réalité éminente, première, incontestable de l'Etre en soi ; la philosophie de l'Instinct vital sera donc réaliste. — Résumons les caractères de cette philosophie. Dogmatique, eudémoniste et éthique, rationaliste et finaliste, dualiste et réaliste : telle devra être toute philosophie de l'Instinct vital.

La philosophie de l'instinct de connaissance présente des caractères antithétiques à ceux-là. Ici, l'intellect est à lui-même sa propre fin. Il ne poursuit d'autre but que la pure satisfaction logique et esthétique; la joie tout intellectuelle d'être un pur miroir de l'univers. Comme le philosophe de la connaissance s'est rendu compte de l'antinomie qu'il y a entre croire et contempler, il oppose aux dogmatiques de toute espèce un agnosticisme où se complaît son détachement à l'endroit des fins eudémonistes et éthiques, des mensonges dualistes et réalistes trop visiblement inspirés par des préoccupations étrangères à la connaissance. Uniquement soucieux de contempler, le philosophe de la connaissance n'a cure des soucis qui hantent le philosophe de l'Instinct vital. La philosophie n'est pas pour lui affaire de propagande et objet de prosélytisme : elle est thème à spéculation solitaire et désintéressée. A qui lui demanderait quelle est sa raison de vivre, le connaisseur ferait sans doute la réponse de l'Angely : Pourquoi je vis? par curiosité.

Agnosticisme, nihilisme, athéisme et amoralisme, dilettantisme, tel est à peu près le signalement de la philosophie de l'Instinct de connaissance.

Entre la philosophie de l'instinct vital et la philosophie de l'instinct de connaissance, tout compromis semble interdit. Et pourtant, ne résulte-t-il pas des rapports des deux instincts, tels qu'on les a vus plus haut, qu'une philosophie de l'instinct de connaissance ne peut pas ne pas être, jusqu'à un certain point, une philosophie de l'instinct vital ? Le véritable connaisseur, j'entends celui qui veut aller jusqu'au bout de la connaissance, jusqu'au point où la connaissance vient se souder au tronc de l'arbre de Vie, le véritable connaisseur ne peut s'empêcher de reconnaître l'impossibilité de l'attitude intellectuelle exclusivement négative, de l'attitude qui consiste à dire non à la vie.

Il reconnaîtra le droit de la Vie à sa propre affirmation ; le droit de la vie à l'imposture qui est son essence et sa loi et il ne reprochera aux mensonges qu'il a percés à jour que leur impuissance à tromper désormais les hommes.

Les maladroits défenseurs de la vie ne le dégoûteront pas de la vie, comme il arrive qu'un commentateur pédant nous gâte un beau morceau de poésie et nous inocule en ennui sa lourde admiration. Le philosophe de la connaissance appellera même de ses vœux de nouveaux mensonges en remplacement des mensonges périmés ; et il mesurera la réalité des formes de la vie à leur puissance d'illusion. Ou plutôt, pourquoi parler désormais de mensonge et d'illusion ? Peut-il en être question dans un monde qui est à chaque instant tout ce qu'il peut être, dans un monde qui ne cache aucun *en soi*, que ne soutient aucun double et que ne prolonge aucun au-delà ? Dans un tel monde, toute distinction s'évanouit entre ce qui est et ce qui doit ou devrait être ; entre le modèle et la copie, entre l'*en-soi* et le phénomène, entre la réalité et le symbole. Tout ici est métaphore, façon de voir et façon de dire et par là même tout est réel; tout le donné, c'est-à-dire tout le pensé, est à chaque instant la seule réalité. De ce point de vue du panphénoménalisme, le monde-vérité ne fait qu'un avec le monde des apparences. Ou plutôt on ne peut plus parler de monde d'apparences. « Le monde-vérité, nous l'avons aboli, dit Nietzsche; quel monde nous est-il resté ? Le monde des apparences peut-être... Mais non! avec le monde-vérité nous avons aussi aboli le monde des apparences... (1). » Ici, la connaissance et la vie célèbrent leur réconciliation. Le connaisseur savoure « la sereine gaieté des paysages terrestres ». Le sens contemplatif s'absorbe dans le sens de la Terre et participe à son immortalité.

PLAN GÉNÉRAL DE LA PHILOSOPHIE DE M. J. DE GAULTIER

La philosophie de M. J. de Gaultier est profondément *une*. Toutes les perspectives qu'elle ouvre se rangent rigoureusement sous l'optique du connaisseur et de l'artiste. Mais elles se distribuent sur des plans différents.

Nous distinguerons deux stades dans le développement de cette philosophie. Le second stade comportera lui-même deux moments : l'un caractérisé par un mouvement de dialectique ascendante, l'autre par un mouvement de dialectique descendante.

Entre la philosophie du premier stade et celle du second, on peut noter : 1° une différence de point de vue; 2° une différence de méthode ; 3° une différence de conclusions.

(1) Nietzsche, *le Crépuscule des Idoles*. Edition du Mercure, p. 131.

Dans sa première philosophie, M. J de Gaultier adopte un peu le point de vue des géomètres quand ils font une réduction à l'absurde. Il se place momentanément dans l'hypothèse qu'il combat et il en montre l'insuffisance. Philosophe de la connaissance, il continue à parler le langage des philosophes de l'instinct vital; il garde l'hypothèse de l'existence de la chose en soi (réalisme et dualisme), au moins comme artifice d'exposition et de discussion.

L'adoption d'un tel point de vue entraîne une méthode purement analytique, négative et critique. M. J. de Gaultier n'expose pas encore sa propre synthèse du monde, quoiqu'il la laisse entrevoir.

Enfin les conclusions de cette première philosophie sont aussi purement négatives. Elles se résument en ces deux mots : agnosticisme et illusionisme. Agnosticisme en ce qui concerne la chose en soi ; illusionisme en ce qui concerne le monde phénoménal. L'illusionisme découle de l'agnosticisme. Comme il y a toujours un écart entre *l'en-soi* des choses et la représentation que nous nous en formons à l'aide de cet appareil de déformation qu'est notre intelligence, il s'ensuit que notre univers phénoménal est une illusion. Illusionisme serein, d'ailleurs; agnosticisme joyeux, sans aucun lamento pessimiste ; car cet agnosticisme a l'avantage de délivrer le penseur de la hantise de cet En-soi que Kant ne peut se résoudre à ignorer et où il prétendra atteindre par la voie détournée de la Raison Pratique. — Chose curieuse ! La philosophie de l'Instinct vital, eudemoniste et éthique, en dépit de ses prétentions au Bonheur, ou plutôt en raison même de ces prétentions, aboutit au pessimisme. Car cette philosophie est conçue « comme une technique, comme un moyen propre à procurer un bien *dont on est privé*. Aussi la sensibilité morale est-elle, en son principe, une sensibilité douloureuse (1) ». Par contre la philosophie de l'instinct de connaissance, agnostique et illusioniste, est une philosophie de sérénité. Car le philosophe de la connaissance s'est rendu compte de l'antinomie qui existe entre existence en soi et connaissance. Le monde des apparences suffit d'ailleurs pour lui procurer la joie spectaculaire; il lui ouvre des perspectives illimitées que ne barre aucun horizon mythique, que ne déshonore aucune idole théologique, logique ou éthique. Tel est l'agnosticisme joyeux qui se dégage du *De Kant à Nietzsche*.

Dans sa seconde philosophie, M. Jules de Gaultier renonce au symbolisme mythologique de *la chose en soi* gardé jusqu'ici comme artifice d'exposition et de discussion. Il va se placer de plus en plus décidément dans l'hypothèse moniste et idéaliste qui s'oppose terme pour terme au dualisme et au réalisme chers aux philosophes de l'Instinct vital.

Ici la méthode d'exposition n'est plus critique et négative, mais positive et constructive.

Enfin les conclusions vont se modifier. De l'agnosticisme et de l'Illusionisme auxquels concluait le *De Kant à Nietzsche*, nous allons passer, par une évolution logique, à un panphénoménalisme idéaliste sous le jour duquel le monde donné s'avère sincère et véridique. Car la chose en soi supprimée, l'antinomie entre existence et connaissance s'évanouit; elle est remplacée par cette évidence contraire : ce qui est représenté est seul réel. *Adequatio rei est intellectus*, dit Spinoza. *Esse est percipi*, dit Berkeley.

Cette seconde philosophie se constitue, avons-nous

(1) Voir : *les Deux erreurs de la métaphysique*, p. 117.

dit, selon un double mouvement : l'un de dialectique ascendante, l'autre de dialectique descendante.

Le dialectique ascendante comprend une série de notions ou de théories qui s'ajoutent et se superposent de manière à atteindre le point culminant ou centre de perspective du système représenté par la théorie de la connaissance exposée dans *les Raisons de l'Idéalisme*. Ces notions ou théories qui s'étagent selon une dialectique ascendante sont : la notion du Bovarysme, la théorie du réel en fonction du bovarysme ; le déterminisme de la force et de la théorie de l'*alea* en fonction du déterminisme de la force.

Ces étapes parcourues, nous voici au point culminant, au centre de perspective idéaliste. « L'univers est pensée ; le monde est le développement soit d'une pensée individuelle, soit d'une pensée impersonnelle », telle est l'énonciation, on pourrait dire l'évidence à laquelle nous sommes parvenus et d'où nous allons maintenant redescendre. De cette énonciation découle, en effet, selon une double hypothèse idéaliste entre les deux branches de laquelle il nous est loisible d'opter : — celle de l'idéalisme absolu ou subjectif qui représente la logique extrême de l'idéalisme ; — celle d'un idéalisme relatif et mitigé, moins paradoxal et moins logique que l'autre et selon lequel le monde est le développement d'une pensée impersonnelle ; selon, dis-je, cette double hypothèse, découlent de l'énonciation primordiale qu'on vient de dire les différentes notions ou théories parcourues précédemment dans l'ordre de leur hiérarchie ascendante et qu'on va maintenant parcourir en sens inverse : acte primordial de division de la pensée en sujet et en objet, donnant lieu aux lois intellectuelles fondamentales (temps, espace, causalité) ; puis aux propriétés essentielles de la matière, puis à l'inépuisable diversité phénoménale; ces différentes formes de la pensée sortant les unes des autres selon une nécessité où toutefois préexiste virtuellement et où se manifeste empiriquement dans l'évolution des choses un *alea* ou spontanéité primordiale, antérieure à toute logique. Enfin, au dernier degré de cette dialectique descendante, nous retrouvons, déduit maintenant de l'hypothèse idéaliste, le fait générateur de tout le donné : le Bovarysme, principe de différenciation, de mouvement et de vie, principe créateur et organisateur de toute réalité.

Ici le cycle dialectique est fermé. Le monde est construit. Nous voyons les formes du devenir se mouvoir rythmiquement, comme un flux et un reflux, selon la double dialectique ascendante et descendante que leur a imposée la pensée du philosophe.

La dialectique ascendante est représentée dans l'œuvre de M. J. de Gaultier, par *le Bovarysme*, *la Fiction universelle*, *la Réforme philosophique* (ce dernier ouvrage consacré plus particulièrement à la notion du déterminisme de la force); le point culminant de la dialectique est représenté par *les Raisons de l'Idéalisme*. Avec *la Dépendance de la Morale* se développe la dialectique descendante qui se poursuit dans l'important article de la *Revue philosophique* intitulé : *les Deux erreurs de la Métaphysique* ; article qui inaugure sans doute une série de déductions par où se complétera l'interprétation de l'univers en fonction de la métaphysique bovaryque et sous le jour de l'optique spectaculaire.

Passons brièvement en revue les étapes que nous venons d'indiquer.

LA PREMIÈRE PHILOSOPHIE. LE « DE KANT A NIETZSCHE »

Nous avons dit que la philosophie de M. J. de Gaultier, à travers le périple qu'elle accomplit, s'avère profondément une. On y retrouve sur des plans différents les mêmes personnages métaphysiques occupés à tisser la trame de l'intrigue phénoménale. Voici, dès les premières pages de *De Kant à Nietzsche*, s'avancer sur la scène les deux protagonistes du drame : l'Instinct vital et l'Instinct de connaissance. Ils figurent ici sous des traits concrets et vivants ; ils s'incarnent dans la réalité historique, dans les philosophes anciens ou modernes qui ont livré en fait la bataille des idées et dans le génie des deux races qui ont exprimé dans leurs philosophies respectives leurs âmes si profondément différentes : la race juive et la race hindoue.

La peuple juif, le peuple élu de Dieu, est le champion de l'Instinct vital. La race hindoue symbolise l'instinct négateur de la vie, l'instinct de connaissance. Dans notre Occident, Platon et Kant figurent la même opposition. (Il s'agit bien entendu du Kant de *la Critique de la Raison Pure* idéalisé et conçu comme ayant pour suivi ses thèses jusque dans leurs extrêmes conséquences.) La philosophie platonicienne, rationaliste, dogmatique et éthique est une philosophie de l'Instinct vital. Le Kantisme de *la Critique de la Raison Pure* est une philosophie de l'Instinct de Connaissance.

Le *De Kant à Nietzsche* est une attaque contre les philosophies de l'instinct vital. — Le contemplateur, l'artiste qui veut embrasser le monde de son libre regard trouve devant lui, barrant son horizon, la cité monstrueuse, à la fois hiératique et guerrière ; à la fois forteresse, couvent et temple, où l'Instinct vital s'est retranché. Les ouvrages avancés de cette citadelle sont le rationalisme ontologique et le fanatisme moral. Les idoles qu'on vénère dans ce temple sont les « Idoles du ciel logique », l'Idole Vérité et l'Idole Liberté (1). Mais au plus profond du temple, dans le sanctuaire le plus secret, trône le maître de cet empire : l'Instinct vital, pape des religions, gardien des Rites, défenseur des sociétés humaines, que menace l'Archange de Lumière, Lucifer, l'Instinct de connaissance.

Avec quelles ressources dialectiques M. J. de Gaultier va-t-il attaquer le rationalisme ontologique et le fanatisme moral ?

En *De Kant à Nietzsche*, M. J. de Gaultier utilise pour cette attaque les armes que lui fournit Kant. Il adopte, tout au moins provisoirement, les hypothèses essentielles du kantisme, telles que Kant les a formulées dans *la Critique de la Raison Pure* ; hypothèses qui, à vrai dire, n'excluaient pas, dans la pensée de Kant, la possibilité d'un absolu moral que ce philosophe se char-

(1) On peut se demander pourquoi M. J. de Gaultier n'a point placé ici, à côté de ces deux idoles, l'Idole *Beauté*, qui fait pourtant partie de la trinité cousinienne (le Vrai, le Beau, le Bien). M. J. de Gaultier explique, dans *Nietzsche et la Réforme philosophique*, que l'idole Beauté n'a pas été de la part des philosophes de l'instinct vital l'objet d'un culte aussi fervent que les deux autres idoles. L'idée de Beauté est en effet une idée généralement suspecte aux yeux des moralistes à cause de l'élément sensible et charnel qu'elle contient ; si bien que, pour la juger digne de vénération, ils la ramènent à l'une des deux autres idées, le Vrai ou le Bien.

Remarquons qu'on ne peut soupçonner ici M. J. de Gaultier d'être lui-même un adorateur de l'idole Beauté, à la façon de Platon, et de l'avoir exceptée pour cette raison de sa critique. L'idée que M. J. de Gaultier se fait de la beauté n'est en effet nullement l'idée platonicienne ni cousinienne. La beauté, telle qu'il l'entend, est une beauté en mouvement et en devenir comme le monde phénoménal dont elle est l'aspect élu pour les sensibilités d'un certain ordre.

gea en effet de restaurer dans *la Critique de la Raison Pratique*. Ces hypothèses sont celles de l'existence d'un Etre en soi distinct du monde phénoménal, celle de l'existence d'un Etre universel distinct de la multiplicité et de la diversité données (deux hypothèses qui au fond n'en forment qu'une) ; celle enfin de l'apriorisme des lois constitutives de l'esprit humain (temps, espace, cause). C'est sous le jour de ces trois hypothèses, dont il s'abstraira plus tard quand il instituera sa propre symbolique, que M. J. de Gaultier poursuit le but qu'il se propose en *De Kant à Nietzsche* : la réfutation de l'objectivité du monde moral. Ce but, il l'atteint pleinement en tirant des hypothèses kantiennes fidèlement suivies jusqu'au bout les conséquences logiques qu'elles comportent.

M.J. de Gaultier montre en effet que la double hypothèse kantienne d'un *Etre en soi* et d'un être universel, confrontée avec les lois de la connaissance, engendre avec rigueur une conception d'illusionisme absolu à laquelle Kant a voulu vainement échapper plus tard, en recourant à un moyen détourné et extralogique d'atteindre la chose en soi, je veux dire à la voie tortueuse et sans issue de la Raison Pratique. L'être en soi, à supposer qu'il existe, ne peut prendre connaissance de lui-même qu'en se déformant à ses propres yeux, en devenant pour lui-même phénomène. De même, l'Etre universel se conçoit nécessairement autre qu'il n'est. Un, il se conçoit multiple. Cela revient à dire qu'il y a antinomie entre existence en soi et connaissance. Il y a dans toute connaissance un fait d'illusionisme essentiel en conséquence duquel l'être véritable ou en soi échappe à la connaissance. Dès lors, les lois essentielles de la connaissance, temps, espace, cause, dont M. J. de Gaultier admet ici avec Kant le caractère *à priori*, ces lois qui stipulent d'ailleurs l'impossibilité d'un commencement premier et d'une fin dernière, ces lois, dis-je, ne peuvent plus être tenues pour des entités, ni pour des moyens de s'emparer de la vérité, mais pour « des moyens purs et simples de connaissance, c'est-à-dire des artifices propres en même temps à composer le spectacle et à le faire voir (1) ».

Dès lors l'hypothèse kantienne de l'apriorisme des lois de la connaissance (temps, espace, cause) s'harmonise merveilleusement avec la conception spectaculaire selon laquelle « l'existence est, en sa réalité essentielle, un spectacle à regarder et non un problème à résoudre ». — C'est ainsi que la dialectique de M. de Gaultier, s'appliquant aux hypothèses kantiennes, fait sortir de ces hypothèses, en toute rigueur, un véritable « dogmatisme de l'incertitude », un illusionisme exclusif de toute finalité morale ; illusionisme incompatible avec une interprétation éthique de l'univers et compatible seulement avec une interprétation esthétique et spectaculaire. C'est en effet à cette interprétation que conclut le *De Kant à Nietzsche* en ces lignes où est magnifiquement célébrée l'apothéose de l'Illusion et la Rédemption de la Vie par la Beauté :

« Avec le Grec, tel que Nietzsche l'a imaginé, afin de « l'instituer le protagoniste de sa propre pensée, l'intel« ligence libérée de sa servitude à l'égard de la vanité « du but, des mirages de l'espace et du temps, de l'il« lusion de la diversité, manifeste, par la production « de l'œuvre d'art, qu'elle a pris possession du sens de « la Vie comme phénomène esthétique. Par la produc« tion de l'œuvre d'art, elle annonce qu'elle s'est retirée « de la scène où elle agissait sous l'empire de l'illusion

(1) *Raisons de l'Idéalisme*, p. 117.

« et qu'elle s'est fixée en spectatrice sur les rives du « devenir, au bord du fleuve où les barques, chargées de « masques et de valeurs inventées par la folie de Maïa, « continuent de descendre le courant, parmi tous les « bruits de la Vie.... » A la suite de cette initiation esthétique instituée par Nietzsche et à laquelle nous convie M. J. de Gaultier, la sensation de ce que la vie a de douloureux se transforme en « une sensibilité esthé- « tique, avide de perpétuer le spectacle, de le décrire, « de l'évoquer et qui, avec la même ardeur dont, aveu- « gle, elle maudissait la Vie pour sa cruauté, avertie « maintenant et reçue dans la confidence, adore et célè- « bre la vie pour sa beauté (1) ».

LA SECONDE PHILOSOPHIE — I. DIALECTIQUE ASCENDANTE

Nous avons dit que cette philosophie, qui va se constituer sous le jour de la symbolique moniste et idéaliste, comporte deux phases : une dialectique ascendante et une dialectique descendante.

La dialectique ascendante va nous faire parcourir une série de notions qui se superposent et s'ordonnent en un système au-dessus duquel se dresse l'axiome idéaliste : l'Univers est Pensée.

LE BOVARYSME

La première de ces notions est le Bovarysme. Ce mot est passé dans le domaine public. Il a conquis droit de

(1) *De Kant à Nietzsche*, p. 303.

cité non seulement dans le vocabulaire philosophique, mais dans la langue courante. Mais il importe de distinguer deux acceptions du mot Bovarysme : l'une empirique, concrète, exotérique, si l'on peut dire ; l'autre métaphysique, abstraite, ésotérique. Dans le premier sens, le mot bovarysme désigne un fait de psychologie courante que tout homme a pu observer sur lui-même et dont Flaubert a montré l'évolution et décrit les effets dans l'âme de ses principaux personnages. Ce fait est le pouvoir qu'a l'homme *de se concevoir autre* qu'il n'est. Ce fait est très simple et aussi très général. Nul n'échappe au bovarysme. Tout homme en subit la loi à des degrés divers et suivant des modes particuliers. Le bovarysme est le père de l'illusion sur soi qui précède et accompagne l'illusion sur autrui et sur le monde. Il est l'évocateur des paysages psychologiques par lesquels l'homme est induit en tentation pour sa joie ou pour son malheur.

Le bovarysme figure, en effet, au nombre de ces choses « ambiguës et à double usage » dont parle Platon. Il peut promouvoir le mal comme le bien; il peut être pour les individus et pour les collectivités un principe d'exhaussement et de progrès comme un principe d'abaissement, de misère et de ruine. Tout manuel de philosophie élémentaire contient un chapitre sur les bienfaits et les méfaits de l'imagination. M. J. de Gaultier reprend ce thème banalisé; mais il l'originalise singulièrement par l'ingéniosité et l'ampleur des déductions commandées par l'optique spectaculaire.

Ce qui caractérise le bovarysme, c'est l'inconscience de l'hypnose, c'est la sincérité du rêve que l'on vit éveillé. Dans le véritable bovarysme, aucun calcul égoïste n'entre en jeu. Il faut bien distinguer ce cas de celui où l'homme se conçoit autre qu'il n'est, en vue d'utiliser cette fausse conception de lui-même comme un moyen de donner le change à autrui et de l'amener à ses fins. Je me souviens qu'assistant à une représentation du *Poliche* de M. H. Bataille j'entendis un de mes voisins dire à l'autre : « Voilà un curieux cas de bovarysme. » Je me demandai si ce spectateur ne commettait pas une méprise. On connaît la donnée de *Poliche*. Poliche est un sentimental, un tendre qui se grime en viveur bruyant et amusant, en pitre mondain, boute-en-train d'une société de fêtards, parce qu'il juge ce moyen le seul bon pour se concilier et garder les bonnes grâces d'une aimable gourgandine dont il est épris.

Est-là du véritable bovarysme ? Je ne le crois pas. C'est du pseudo-bovarysme. Le bovarysme ou fait de se concevoir et de se vouloir autre qu'on n'est, le bovarysme est mis ici au service d'un calcul amoureux ; il est une tactique, une ruse de guerre dans l'éternelle lutte des sexes. Poliche n'est pas dupe de son personnage ; il se dédouble d'une façon très lucide : « Ayant senti le seul côté, le seul par lequel je pouvais plaire à cette femme, je l'exploitai... Quel est celui qui ne devine pas le point sensible par où il atteint la sympathie de l'être chéri ? Qui peut se vanter d'être vraiment soi en amour ? Suivant l'idée que l'autre se forme de vous, suivant ce qu'il désire que vous lui apportiez dans sa vie, on se diminue, on s'augmente, on fait le beau ou le vilain, selon sa chance (1). » Au fond, Poliche est un comédien, un sycophante sympathique ; il se donne délibérément pour ce qu'il n'est pas ; mais pas un instant il ne se dupe lui-même. Or le véritable bovarysme consiste à se duper soi-même pleinement, heureusement, de tout cœur

(1) *Poliche*, acte II.

et sans arrière-pensée, dût cette illusion nous mener aux pires catastrophes.

Tel est le bovarysme à travers les applications infinies qu'il comporte. Il y a le bovarysme sentimental dont, sans parler d'Emma Bovary, le Frédéric Moreau de Flaubert et le Jean Servien de M. A. France sont des types accomplis. L'hypnose bovaryque peut différer ici selon que l'amant se conçoit à l'image d'un modèle ancien ou d'un idéal nouveau. Dans *le Rouge et Noir*, Mathilde de La Môle, dans son amour pour Julien, se veut semblable à son aïeule tragique et passionnée, cette La Môle que la légende représente embrassant la tête de son amant décapité. Frédéric Moreau, Jean Servien s'hypnotisent sur l'idéal romantique qui leur vient de l'éducation et de la lecture des poètes contemporains. — Il y a un bovarysme moral qui consiste à se croire plus vertueux, plus moral, plus fort, plus héroïque qu'on n'est. Ce bovarysme agit surtout dans les races où prédominent le souci moral, l'esprit protestant et puritain. L'œuvre d'Ibsen en présente des exemples. Le pasteur Brandt se veut un Christ nouveau. Peer Gynt se veut héroïque dans l'originalité et l'indépendance. « Etre soi-même », telle est sa devise. Mais il n'y réussit guère. A travers les avatars qu'on lui voit traverser, il fait plus d'une concession aux conventions et à l'hypocrisie sociale symbolisées par le Vieux de Dovre et le Grand Courbe. Dans *le Canard Sauvage*, le piteux Hialmar se conçoit héroïque et loyal, sauveur des siens aux crochets desquels il vit. Un très beau roman norvégien contemporain, *la Puissance du Mensonge*, de I. Bojer, est un commentaire perpétuel du bovarysme moral ; tous les personnages y bovarysent à l'envi et excellent dans l'art amusant de se fabriquer une bonne conscience artificielle.

Il y a un bovarysme intellectuel à l'usage des sots et des philistins. Le snob, le « philistin de la culture » se veulent artistes ou penseurs originaux. — Inutile d'allonger l'inépuisable liste des types bovaryques. Non moins longue serait l'énumération des bovarysmes sociaux dont l'exégèse remplirait l'histoire.

Passons au sens abstrait, métaphysique, ésotérique du mot Bovarysme. Ici le bovarysme n'est plus une loi psychologique des individus ou des collectivités humaines dupés par leur imagination pour leur joie ou leur malheur. Il devient un principe métaphysique, une modalité essentielle de cet Etre universel dont M. J. de Gaultier, en *De Kant à Nietzsche*, a posé le concept à l'origine de sa symbolique illusioniste. — Rappelons-nous sa formule : *l'Etre universel se conçoit nécessairement autre qu'il n'est.* Un, il se conçoit multiple, scindé en sujet et objet. Telle est la première démarche métaphysique sans laquelle la généalogie du monde ne se conçoit pas. C'est là le fait de bovarysme essentiel, métaphysique, dont tout le reste dérive.

Le bovarysme empirique et le bovarysme essentiel ou métaphysique assument deux fonctions différentes dans la philosophie de M. J. de Gaultier. — Dans son usage empirique, le bovarysme est un appareil de pensée dont le mécanisme aisément saisissable peut être appliqué par chacun à des faits d'observation personnelle. Il remplit l'office d'une grille pour déchiffrer les événements particuliers qui composent la trame de l'existence concrète, individuelle ou collective ; il fournit un critérium pour apprécier la valeur vitale des hommes, des institutions, des évolutions, et des révolutions, pour les interpréter comme indices de vie ascendante ou déclinante.

Dans son usage métaphysique, le bovarysme est un

principe d'explication universelle ; il est le πρῶτον ψεῦδος, la convention fondamentale qu'il faut accorder au dramaturge métaphysicien, à l'impresario de la tragi-comédie cosmique.

Ici, on pourra trouver qu'il y a quelque subtilité à prendre le mot bovarysme en deux sens aussi différents et que le saut est grand « d'Emma Bovary au Grand Tout(1) ». — M. J. de Gaultier sera en droit de répondre que la subtilité est une des vertus théologales du métaphysicien, que la faculté métaphysique se mesure, comme la faculté poétique, au pouvoir de rapprocher les choses les plus lointaines et d'identifier les choses en apparence les plus différentes ; enfin, que le métaphysicien comme le poète dramatique ont le libre choix de leur convention initiale, quitte à bâtir sur cette première donnée un scénario bien suivi et intéressant. — N'oublions pas, d'ailleurs, que le concept de l'Etre universel n'est, dans la métaphysique bovaryque, qu'un artifice d'exposition, une fiction commode, une sorte d'échafaudage provisoire qui sera rejeté plus tard quand il aura épuisé son usage.

Laissons là pour le moment le bovarysme essentiel ou bovarysme considéré comme modalité de l'Etre universel et revenons au bovarysme comme phénomène humain.

Le bovarysme humain peut être considéré au double point de vue de sa nature psychologique et de son rôle vital.

Au point de vue psychologique, le bovarysme est susceptible d'une double interprétation : l'une plus grossière, l'autre plus raffinée ; l'une objective et réaliste, l'autre subjective, idéaliste.

La formule *se concevoir autre qu'on n'est* suppose,

(1) Titre d'un article de M. Charles Maurras (*Gazette de France* 25 août 1902).

dans la personne qui prend le change sur elle-même, une personnalité réelle, véritable, et une personnalité fictive, illusoire, avec un écart plus ou moins grand entre ces deux personnalités. Telle est la première interprétation. Mais pénétrons un peu plus en avant dans le problème. Voici la question qui se pose : Y-a-t-il une ligne de démarcation nette entre la personnalité réelle et la personnalité bovaryque? Evidemment non. La personnalité bovaryque n'est que le prolongement de la personnalité réelle ou prétendue telle ; elle ne fait qu'en exprimer certaines virtualités et certaines tendances refoulées par les circonstances. Prenons le cas typique de Tartarin. Le non-vrai, qu'il étale si complaisamment devant nous et auquel il finit parfois par croire lui-même, n'est pas entièrement faux. Loin de là ; toute la vérité de Tartarin réside dans ses tartarinades. Car elles nous décèlent le vrai Tartarin, tel qu'il aurait dû être, les circonstances s'y prêtant. Et qui sait jamais si elles ne s'y prêteront pas? si la personnalité bovaryque ne se révélera pas dans quelque mesure? M. J. de Gaultier suppose ingénieusement l'action du *Bourgeois gentilhomme* se prolongeant par delà la rampe (1) et M. Jourdain finissant par devenir un gentilhomme assez présentable, à peu près comme le Caliban de Renan, devenu possesseur du palais et du pouvoir de Prospéro, devient un prince fort passable. — Cela revient à dire que les états bovaryques appartiennent à la personnalité tout comme les états non bovaryques; ils s'inscrivent sur la même ligne; le bovarysme est moins une déviation qu'une anticipation de la personnalité. Il est la loi de différenciation et d'évolution de la personnalité : évolution tantôt harmonique et heureuse, tantôt désharmonique et malchanceuse. Le bovarysme apparaît ici comme

(1) Voir *la Dépendance de la morale*, p. 278.

un aspect de la fiction psychologique fondamentale : la fiction de l'identité du moi, la fiction d'un moi distinct de la suite des changements où il évolue (1) ; il rentre dans cette loi plus générale, déjà formulée en *De Kant à Nietzsche*, d'après laquelle le moi sujet, pour prendre connaissance de lui-même, se situe en objet pour un sujet dans le temps et érige une part de lui-même sur le socle du passé et aussi de l'avenir, pour se voir lui-même comme du dehors et à distance (2).

LE BOVARYSME COMME MOYEN DE PRODUCTION DU RÉEL

Toutefois, il nous faut faire abstraction de cette interprétation raffinée et idéaliste, il nous faut oublier le caractère tout métaphorique et symbolique du bovarysme si nous voulons étudier ce dernier dans sa fonction vitale et créatrice de réalité. — Ici l'illusion vitale doit reprendre tous ses droits. L'être, individu, peuple ou race, qui agit sous l'empire de la fascination bovaryque, doit croire à la réalité, à l'en-soi du modèle sur lequel il s'hypnotise. Sinon, la suggestion rate et le jeu de la vie est arrêté. Heureusement il n'en est pas ainsi. Douée de son plein pouvoir d'illusion, la Fiction bovaryque va agir dans l'éducation, dans l'imitation, dans toute la série des actions et réactions sociales. Elle s'avère la Force vitale par excellence, l'idée créatrice de réalité, l'Idée-Force.

Il serait plus exact de dire la double Idée-Force ; car ici intervient la loi selon laquelle la réalité s'informe en fonction du bovarysme. Cette loi est celle du con-

(1) *Fiction universelle*, p. 404. La métaphore universelle.
(2) *De Kant à Nietzsche*, p. 99.

traste qui se pose entre deux aspects contraires de la personnalité humaine ou de la vie sociale, et du compromis qui s'institue entre eux. — Le synthétisme, la conciliation des contraires est la loi de toute genèse psychologique, morale et sociale. La réalité psychologique ou le moi, la réalité sociale naissent au point d'intersection de deux tendances contraires dont chacune va à annihiler l'autre sans se rendre compte que si elle réussissait dans son vœu, elle se détruirait elle-même. La réalité psychologique est conditionnée par un compromis entre le sujet et l'objet, l'attitude subjective et l'attitude objective, la passion et l'analyse, l'action et la connaissance, la vie et la contemplation de la vie. — La réalité sociale est conditionnée de même par un compromis entre deux principes contraires : un principe de mouvement et un principe d'arrêt, un principe de dissociation et un principe d'association, un principe d'individualisme et un principe de cohésion sociale. Ainsi la vie se résoud en une série d'antinomies bovaryques solutionnées par une série de compromis. Le point d'intersection de ces forces adverses, qui est le point d'émergence de la réalité concrète, n'est d'ailleurs pas déterminé selon une mesure fixe et logiquement formulable; il est déterminé par l'utilité humaine sous son double aspect, utilité vitale et utilité de connaissance. Et comme cette utilité change selon le lieu, le moment, les forces vitales en présence, la vérité humaine qui, sous l'optique bovaryque, s'exprime en fonction de l'utilité est variable et mouvante comme cette utilité même (1).

D'ailleurs, les réalités et les vérités qui les expriment dans la conscience humaine ne sont pas immortelles. Après avoir épuisé leur pouvoir bovaryque, leur puis-

(1) Voir dans *la Fiction universelle* le chapitre intitulé : De la nature des vérités.

sance d'illusion et de création, elles cèdent d'elles-mêmes la place à un nouvel appareil de mouvement où s'articule la vie, à un nouveau bovarysme ; elles disparaissent selon la loi d'*évanescence* ou d'*auto-suppression*.

Au bovarysme en tant que moyen de production et d'évolution du réel se rattache une autre loi : *la loi d'Ironie*. Cette loi, formulée déjà par J. de Maistre, Amiel, Proudhon, porte que le but atteint n'est jamais celui visé par le tireur, que les buts se déplacent et se transforment sous notre regard ; que notre finalisme est une perpétuelle duperie.

LE DÉTERMINISME DE LA FORCE

Il est impossible de rendre compte de la genèse du réel sans faire intervenir une notion nouvelle : celle du déterminisme de la force. Le réel a pour attribut la durée. Et même, en termes de bovarysme qui excluent toute objectivité au sens fort du mot ou tout en-soi, la *durée*, au moins relative, est le seul critérium qui définisse le réel et le distingue de l'insaisissable et de l'irréel. La réalité est un fait de constance relative au sein de l'écoulement des apparences. Ce fait de constance est dû à un fait de répétition qui s'explique lui-même par un fait de force, de prédominance de certains éléments sur d'autres et de certaines combinaisons sur d'autres. C'est dans *Nietzsche et la réforme philosophique* que M. J. de Gaultier expose le fonctionnement du déterminisme de la force, bien qu'on en trouve déjà la formule en *De Kant à Nietzsche* (1).

(1) Dans le passage suivant : « Ceux-ci les différents *moi* qui

On peut regretter que M. J. de Gaultier adopte cette expression : déterminisme *de la force,* et qu'il ne dise pas simplement déterminisme. On ne peut s'empêcher, en effet, de trouver obscure cette notion de *force* dont le caractère anthropomorphique met en défiance à bon droit les philosophes. On peut en dire autant de l'expression nietzschéenne de « volonté de puissance », dont M. J. de Gaultier rapproche son concept du déterminisme de la force. Nous préférerions donc déterminisme tout court, déterminisme au sens scientifique, c'est-à-dire causalité mécanique expurgée de tout semblant de causalité psychologique. Je sais bien que la causalité mécanique n'est elle-même qu'un symbolisme humain tout comme la causalité psychologique et anthropomorphique que semblent suggérer les expressions de *force* et de *volonté de puissance*. Mais, à tout prendre, c'est un symbolisme plus clair que l'autre. Il faut reconnaître, d'ailleurs, pour être juste, que le déterminisme de la force tel que M. J. de Gaultier en expose le fonctionnement est parfaitement formulable en termes purement mécaniques. Le déterminisme de la force revient alors à dire que certaines combinaisons d'éléments ou de phénomènes réussissent, tandis que d'autres avortent ; que les premières se répètent, et par là donnent lieu à un fait de constance et à une réalité ; que les autres ne parviennent pas à la stabilité et à la durée qui les rend saisissables à l'observateur ; ce qui revient à dire que les premières existent et les autres non.

Cette querelle de mots vidée, passons. Le rôle du

composent notre moi), comme toutes les choses de la nature qui viennent en concurrence, se combattent, luttent entre eux pour la suprématie, en sorte qu'ils sont tour à tour, les uns vis-à-vis des autres, libres ou opprimés, au sens relatif et parfaitement clair que ces mots comportent. » (*De Kant à Nietzsche*, p. 167.)

déterminisme apparaît nettement comme générateur du réel. C'est lui qui assure la répétition des séries de phénomènes dans le même sens, c'est-à-dire ce que nous appelons des lois. La réalité sociale, qui est la plus récente dans l'ordre de l'évolution des êtres et que rend si complexe le jeu des forces intelligentes qui la modifient à toute heure, n'échappe pas à ce déterminisme. C'est pourquoi M. J. de Gaultier se montre particulièrement préoccupé dans *la Réforme philosophique*, d'opposer la conception positive et réaliste du mécanisme causal dans le monde moral et social aux téléologies platoniciennes et autres qui ont la prétention de substituer au mètre de la force (lisez mètre du déterminisme mécanique), je ne sais quel mètre idéologique transcendant et supérieur à l'ordre des faits : Idéal, Bien, Justice.

UN PRINCIPE D'ALÉA OU DE HASARD EST ANTÉRIEUR AU DÉTERMINISME ET RESTE IMMANENT AU DÉTERMINISME

Ici se place une des théories les plus originales de M. J. de Gaultier : celle de l'aléa dans ses rapports avec le déterminisme. Pour expliquer l'existence d'un principe d'aléa à l'origine comme au sein même du déterminisme, M. J. de Gaultier nous propose *ad libitum* deux hypothèses : l'une, la plus favorable possible à l'affirmation de l'aléa ; c'est l'hypothèse de Hume ; l'autre, moins favorable en apparence à cette conception : c'est l'hypothèse de Kant sur la nature de la causalité.

Dans l'hypothèse de Hume, la causalité est une relation toute empirique et contingente. Le mot déterminisme exprime simplement ce fait que du flottement hasardeux ou plutôt absolument quelconque des éléments et des phénomènes, un fait de répétition et de constance relative est sorti et continue à se manifester. C'est la constatation d'un fait, et rien de plus. Le déterminisme, ou plutôt les déterminismes que nous connaissons ne sont que des îlots qui émergent çà et là sur un océan d'indétermination. Le déterminisme n'est que du hasard momentanément fixé.

Il semble plus difficile d'expliquer l'aléa dans l'hypothèse kantienne de l'apriorisme de la causalité comme loi nécessaire de la pensée. Pourtant il n'en est rien. Il ne faut pas oublier, en effet, que l'hypothèse kantienne confère à la causalité un caractère absolument indéfini, sans commencement premier ni terme dernier. Il n'existe dans le monde que des séries causales ouvertes *a parte post* et *a parte ante*. Dès lors, à l'extrémité du phénomène en mouvement qu'est l'existence, il y aura toujours des séries de faits en voie de formation dont nous ne pourrons établir le déterminisme précis, puisque nous ne posséderons pas la totalité de leurs causes antécédentes et qu'elles ne seront pas immobilisées entre leurs antécédents immédiats et le faisceau de leur conséquences, ces conséquences n'étant pas encore sorties d'elles et étant précisément en voie de se formuler. D'après M. J. de Gaultier, ces séries de faits les plus complexes et logiquement comme chronologiquement les dernières venues dans le mouvement de l'existence sont précisément les phénomènes moraux et sociaux. Ces phénomènes évoluent donc sous nos yeux d'une façon relativement imprévisible et constituent proprement le domaine de l'aléa.

PRIMAT DE L'ILLOGIQUE ET DE L'IRRATIONNEL SUR LE LOGIQUE

Quelle que soit l'hypothèse adoptée, celle de Hume ou celle de Kant, un élément irrationnel se trouve à la racine de l'existence et intervient dans son développement comme on vient de le dire. L'idée d'indéfini, celle de l'indétermination et de l'imprévisibilité des phénomènes, du moins dans l'ordre humain, le dernier venu et le plus complexe, joue un grand rôle dans la philosophie de M. J. de Gaultier. Elle y satisfait ce besoin d'imprévu, cette curiosité passionnée du spectateur penché sur le spectacle du monde pour y surprendre des faits nouveaux et instaurer des exégèses inédites de l'univers.

LE POINT CULMINANT DE LA DIALECTIQUE BOVARYQUE ; LE MONISME IDÉALISTE

Nous sommes arrivés au faîte de cette hiérarchie de notions qui s'étagent sous l'optique de l'artiste. Elles se subordonnent à une notion suprême, celle de l'idéalisme.

En effet le bovarysme entendu dans son sens profond, comme principe subjectif de contradiction de soi-même et de différenciation d'avec soi-même, implique nécessairement l'idéalisme (1). Le bovarysme est une

(1) Voir *Raisons de l'Idéalisme*, p. 232.

loi de la pensée avant d'être une loi de l'existence. On peut en dire autant du déterminisme de la force et de la part d'aléa qu'il implique. Ainsi, au faîte de la dialectique ascendante que nous venons de parcourir, se prononce l'axiome idéaliste : l'univers est une pensée. *Esse est percipi.* Τωὐτόν ἐστι νοεῖν τε καὶ οὕνεκέν ἐστι νόημα.

DIALECTIQUE DESCENDANTE. — JUSTIFICATION MÉTAPHYSIQUE D'UN ÉLÉMENT IRRATIONNEL AU SEIN DE LA PENSÉE.

Arrivés à ce faîte du procès dialectique, nous allons redescendre les pentes gravies et retrouver les notions précédentes pleinement éclairées sous le jour idéaliste.

C'est dans *les Raisons de l'Idéalisme* que M. J. de Gaultier expose ses motifs de préférer l'idéalisme ainsi que les deux façons possibles d'interpréter cette philosophie, compatibles toutes deux d'ailleurs avec la symbolique bovaryque.

Le grand motif de préférer l'idéalisme ou monisme de la pensée, c'est qu'il rend seul possible une représentation cohérente du monde. Nous avons vu plus haut que la conclusion nécessaire du dualisme est l'agnosticisme ; car le dualisme scinde le monde en deux principes étrangers et irréductibles l'un à l'autre : sujet et objet, pensée et existence. Dans cette hypothèse, il y a hétérogénéité nécessaire entre l'objet et la représentation que s'en fait le sujet, entre l'existence et la connaissance. Cette conclusion agnostique a été dégagée pleinement, sans arrière-pensée et même avec une sorte d'enthousiasme négatif dans les dernières pages de *De Kant à ietzsche*. Mais du point de vue idéaliste, tout change. l n'y a plus antinomie entre existence et connaissance, ar ici il ne faut pas entendre une existence en soi inapable de se connaître elle-même telle qu'elle est, une xistence étrangère à la pensée humaine et même à toute ensée. L'existence ici est chose connaissable et même hose à tout moment connue : car à tout moment nous n avons toute la connaissance que nous pouvons avoir. 'illusionisme et l'agnosticisme de tout à l'heure font lace à un panphénoménalisme qui n'admet pas d'arière-monde ; qui est à ce titre la seule réalité que nous uissions raisonnablement ambitionner de connaître et ui doit pleinement nous suffire.

Une autre raison de préférer l'idéalisme est que cette philosophie permet seule de solutionner les antinomies fondamentales relevées par le Criticisme et les autres antinomies secondaires qui dépendent de celles là. — Placez-vous donc dans l'hypothèse du réalisme métaphysique ; faites des notions antithétiques de l'infini et du fini, du continu et du discontinu, de l'homogène et de l'hétérogène, du contingent et du nécessaire, du devenir et de l'être, faites, dis-je, de ces notions antithétiques des réalités en soi et vous tombez dans des contradictions insolubles. Au contraire, placez-vous dans l'hypothèse idéaliste ; regardez ces notions antithétiques comme de simples modes de la pensée, chaque couple de ces notions représentant deux moments contraires et pourtant solidaires et complémentaires l'un de l'autre dans le mouvement de la pensée s'ingéniant à créer la réalité et suscitant précisément cette réalité au point d'intersection où se rejoignent idéalement la thèse et l'antithèse, vous retrouvez, justifiée logiquement du point de vue idéaliste, la loi mentale vérifiée empiriquement plus haut à propos de la genèse du réel et qui porte que toute réalité est un compromis entre deux forces contraires ou entre deux états contraires d'une même force.

L'idéalisme, une fois adopté pour des raisons de logique, va pouvoir être indifféremment l'idéalisme subjectif de Berkeley ou l'idéalisme universaliste des Hindous. M. J. de Gaultier nous laisse le choix entre ces deux hypothèses. Dans l'une et dans l'autre, il va être également facile de retracer la genèse de l'existence phénoménale comme création soit de *ma* pensée soit d'une pensée impersonnelle.

Le mode de filiation du réel est le même dans les deux cas. — Au début se pose la pensée pure, la pensée indéfinie, indéterminée. Cette pensée ne peut se connaître elle-même qu'à la condition de devenir autre, c'est-à-dire de se déterminer par la division d'elle-même en sujet et en objet.

Arrivés à ce point dialectique où se formule la nécessité logique initiale et dont tout le reste dépend, nous voyons aussitôt le principe d'aléa et d'irrationnalisme faire sa première apparition sous la forme d'un choix possible entre deux hypothèses selon l'une desquelles va se poursuivre la genèse de l'univers. L'une de ces hypothèses consiste à se représenter le temps, l'espace et la cause, selon le Criticisme Kantien, comme des lois a priori et nécessaires de la pensée, logiquement commandées par l'acte de division en sujet et en objet ; l'autre hypothèse consiste à regarder le temps, l'espace et la causalité comme des déterminations relativement arbitraires de la pensée; arbitraires en ce sens qu'elles seraient possibles parmi beaucoup d'autres et qu'elles ne seraient pas commandées d'une façon exclusive et absolue par l'acte de division en sujet et objet. Il est clair que la première hypothèse accorde davantage que la seconde à la nécessité logique, tandis que la seconde ouvre plus vite que la première les écluses de la vie au courant de l'aléa. Car, dans la première hypothèse, les lois de temps, d'espace, de cause sont absolument immuables. Dans la seconde on les regardera comme les résultats d'un premier acte d'arbitraire mental ; on les dotera d'une nécessité purement empirique et relative, fixée à la longue, comme celle des autres lois de la nature, selon les lois du déterminisme de la force ; on les concevra comme dépendant d'une utilité humaine très ancienne sans doute, mais non peut-être absolument immuable ; on les concevra elles-mêmes comme muables à la rigueur et on ne se refusera pas absolument à la perspective d'un bouleversement possible dans les profondeurs de la raison pure (1). Quel que soit le choix que l'on fasse, à partir de ce point, l'intervention d'un élément d'aléa dans la production des modes ultérieurs de la pensée se trouve assurée de toute façon : dans la première hypothèse, de par le caractère indéfini de la loi de causalité dont nous avons montré plus haut comment elle impliquait toujours la possibilité d'un arbitraire mental à l'extrémité des séries de phénomènes en mouvement ; dans la seconde hypothèse, de par le caractère tout relatif et précaire du déterminisme de la force, selon la conception humiste du monde, le ou les déterminismes de la force que nous constatons dans ce monde émergeant çà et là, au cours de l'évolution, comme des îlots sur un océan d'indétermination et de hasard.

De toute façon, soit dans l'hypothèse de Kant, soit dans celle de Hume, l'irrationnel a sa place marquée à l'origine et dans le développement de la pensée et de l'existence. C'est en termes enthousiastes qui rappellent ceux de Nietzsche saluant le Ciel Hasard, le Ciel Pétu-

(1) *La Fiction universelle*, p. 377. La nature des vérités.

lance, que M. J. de Gaultier célèbre l'Irrationnel père des choses, principe de vie et d'ardeur de la vie ; — l'absolue logique, l'absolu déterminisme, l'absolue systématisation étant, pour la pensée comme pour l'existence, synonymes de torpeur, de néant et de mort. « S'il faut encore, pour satisfaire des habitudes anciennes de vénération, adorer quelque chose au-dessus de nous-mêmes, et, à défaut d'un être, un principe créateur où l'existence consciente d'elle-même se glorifie et se bénisse, l'irrationnel sera ce principe... (1) »

CONCILIATION DE L'ALÉA ET DU DÉTERMINISME : POSSIBILITÉ DE LA SCIENCE

Est-ce à dire que M. J. de Gaultier renonce à la science ? — Nullement. Le ou les déterminismes ne sont, au sein des choses, qu'une réussite. Mais cette réussite existe ; nous faisons partie de cette réussite et nous devons en tenir compte dans nos raisonnements et dans notre action. « Le paysage spéculatif dont nous considérons ici l'horizon est le seul qui convienne à l'état de fragmentation de la pensée au sein duquel nous sommes plongés et cet état de fragmentation engendre nécessairement ce paysage (2). »

A cette question : la science est-elle possible ? nous répondrons : Oui, évidemment pour les ordres de phénomènes dès longtemps fixés (phénomènes physiques, chimiques, biologiques). — Mais en est-il de même pour les manifestations moins coordonnées du mouvement de

(1) *Dépendance de la morale*, p. 19.
(2) *Raisons de l'Idéalisme*, p. 181.

la pensée, où éclate encore la fantaisie de l'improvisation et par où l'univers échappe à une systématisation définitive et mortelle ? Ces manifestations moins coordonnées du mouvement de la pensée sont, on le sait, d'après M. J. de Gaultier, les phénomènes moraux et sociaux, les plus complexes et les derniers venus dans l'évolution de la pensée et de l'existence.

La réponse à cette question est encore ici affirmative. La mouvance du monde moral et social, l'incertitude des conflits en voie de se solutionner dans le domaine des mœurs, des désirs, des opinions et des croyances humaines n'exclut pas la possibilité d'une systématisation scientifique au moins partielle et justifie la tentative d'une sociologie à la façon de M. Durkheim, d'une Science des mœurs à la façon de M. Lévy-Bruhl.

Il faut bien entendre ce point particulièrement délicat de la philosophie de M. J. de Gaultier. Je veux dire la double identification établie d'une part entre le domaine des faits physiques et celui de la nécessité ; d'autre part, entre le domaine des faits moraux et le domaine de l'aléa. Prise au pied de la lettre et dans un sens absolu, cette double identification conduirait à un dualisme inintelligible et scinderait le monde en deux parts : l'une susceptible de systématisation scientifique et l'autre non. Mais telle n'est pas la pensée de M. J. de Gaultier. « De ce qu'il n'existe qu'une seule nature, une seule φυσις, il suit que les phénomènes de l'une et de l'autre catégorie participent d'une commune origine, qu'ils sont tous, en ce sens, physiques (1)... » Cela revient à dire que les phénomènes moraux et sociaux ne sont qu'un prolongement des phénomènes physiques et que l'aléa qui s'y manifeste n'est pas d'une autre nature que l'aléa

(1) *Dépendance de la morale*, p. 98.

qui s'est manifesté aux étages antérieurs du développement du monde. Il faut, pour bien saisir la pensée de M. J. de Gaultier, se rappeler sans cesse l'hypothèse idéaliste où nous sommes placés. C'est *la même pensée* qu'il faut regarder comme la créatrice unique, aussi bien des faits physiques que des faits moraux et sociaux. Et ici comme là elle a traversé, elle traverse et traversera sans doute éternellement deux stades : le stade de l'aléa et le stade de la nécessité — au moins de la nécessité empirique et relative que nous avons dite. *Au point où nous en sommes de l'évolution*, c'est dans l'ordre des faits moraux dans l'ordre des mœurs, des désirs, des opinions et des croyances que se manifeste l'aléa inséparable du jeu de la pensée et de l'existence. Mais les phénomènes moraux entreront de plus en plus et entrent déjà en partie sous la ligne de la nécessité. Au fur et à mesure qu'ils franchissent cette ligne, l'aléa inhérent à la spontanéité de la pensée et de la vie improvisatrices se déplace lui aussi, laissant derrière lui le passé figé et cristallisé sous l'emprise de la nécessité. Tel une barque s'avançant sur un fleuve qui se congèlerait presque aussitôt sous le sillage laissé par elle. Si l'on veut un autre symbole plus explicite et plus détaillé de cette idée, on peut se référer à celui qu'adopte M. J. de Gaultier. L'évolution de la pensée et de la vie y est figurée sous l'image d'une chaîne dont les anneaux successifs représentent les différents degrés de la pensée et de l'être dans son progrès dialectique vers des formes de plus en plus complexes. Chaque anneau d'abord ouvert (symbole de contingence) se referme par la suite sur le nouvel anneau qui est venu s'y insérer et qui représente la combinaison heureuse qui a triomphé parmi une multitude d'autres possibles. Ce second anneau à son tour, d'abord ouvert, se referme sur un troisième, et ainsi de suite ; le dernier anneau ouvert symbolisant la forme la dernière venue, forme encore partiellement indéterminée ; en ce sens du moins qu'elle laisse place à une certaine indétermination dans le jeu de la combinaison nouvelle en voie de s'élaborer. Cette concaténation jamais close, cette concaténation qui *parte post* plonge dans la spontanéité de la pensée improvisatrice et qui *a parte ante* reste toujours ouverte à l'inconnu, cette concaténation qui rappelle à la fois les *hiatus* de M. Boutroux et la *Siris* de Berkeley (abstraction faite, bien entendu, du finalisme théologique ou éthique inhérent à la conception de ces deux derniers penseurs), cette concaténation supprime le dualisme de l'aléa et de la nécessité en les ramenant à deux moments d'un même processus et constitue une solution profonde et originale du problème du hasard.

Avec le dualisme de l'aléa et de la nécessité disparaît le dualisme de la pensée improvisatrice et de la pensée scientifique. La première qui implique aléa et la seconde qui implique déterminisme ne sont également que deux moments d'un même processus. « L'activité spontanée qui se déploie dans l'univers pour en créer les diverses manifestations et l'activité scientifique qui étudie rétrospectivement ces démarches ne sont que deux états successifs d'une même activité ; la seconde n'est que la transformation de la première, en sorte que l'activité scientifique de l'existence ne peut jamais anticiper les modes de son activité spontanée (1). »

La pensée scientifique est, comme nous l'avons vu au début de ce travail, un des modes de la pensée spectaculaire ; car la science est une *espèce* du *genre* contemplation.

(1) *Dépendance de morale*, p. 98.

Nous pouvons donc admettre comme dernière conséquence du monisme idéaliste l'identité foncière de la pensée improvisatrice et de la pensée spectaculaire. La première devance la seconde et opère avant elle sur la scène du monde. Mais la pensée spectaculaire a oublié ce qu'a fait la pensée improvisatrice ainsi que M. J. de Gaultier l'explique dans le mythe du Lethé. D'après ce mythe, la pensée improvisatrice, après qu'elle a créé le décor du monde et la fiction de l'intrigue phénoménale, se jure à elle-même sur les rives d'un Léthé métaphysique « de ne jamais se reconnaître elle-même sous ces masques où elle s'est elle-même représentée, afin de se réserver la joie de l'imprévu et du jeu (1) ».

Pour comprendre ce rapport de la double activité de la pensée, activité improvisatrice et activité spectaculaire, qu'on imagine un poète dramatique qui, après avoir composé son scénario, l'oublierait entièrement et à jamais, en sorte qu'il pourrait assister à la représentation sans reconnaître le drame et sans savoir qu'il en est l'auteur.

Ce qui atteste d'ailleurs l'identité de ces deux pensées, ce sont certains phénomènes mystérieux tels que les pressentiments, la divination, la seconde vue, le génie qui est une sorte d'irruption de la pensée improvisatrice dans la pensée réfléchie, spectaculaire ou scientifique. Il semble qu'il y ait dans ces états une mystérieuse communication entre notre moi conscient, réfléchi, et notre grand Moi profond et oublié, fantôme omniprésent qui nous enveloppe et nous accompagne de son ombre (2).

Parvenus à ce point, nous pouvons voir que la convention moniste sous laquelle a été instituée la philo-

(1) *Raisons de l'idéalisme*, p. 156.
(2) Voir sur cette idée : Schopenhauer, *Parerga. Sur l'apparente préméditation qui préside aux destinées individuelles.*

sophie spectaculaire a été rigoureusement respectée. La métaphysique du spectacle et la métaphysique du spectateur n'en font plus qu'une. La philosophie de la connaissance et la philosophie de l'Instinct vital se réconcilient. Ce dernier Instinct a pour fonction de produire un spectacle intéressant pour le connaisseur. L'instinct de connaissance, à son tour, devra s'astreindre, dans l'intérêt même de la perpétuité du spectacle, à respecter les droits de la vie, les conventions fondamentales du jeu de la Vie, stipulées par la loi du Bovarysme vital, de ce que Relling appellerait le Mensonge vital.

LES APPLICATIONS DE LA PHILOSOPHIE BOVARYQUE

Il resterait à passer en revue les applications de la métaphysique bovaryque dans les différents domaines de la pensée : sociologie, morale, philosophie des sciences, critique d'art. Nous allons voir ici le bovarysme faire l'office d'un instrument méthodologique, d'une sorte de cadre de vision analogue à celui dont les peintres se servent pour enclore le paysage qu'ils veulent peindre et y fixer des points de repère.

La sociologie. — Ce qui a été dit de l'irrationalisme de M. J. de Gaultier et de sa théorie générale de la science nous explique sa conception de la sociologie. L'aléa foncier qui a son point d'émergence dans les phénomènes moraux et sociaux n'exclut pas, avons-nous vu, la possibilité d'une science sociale. Il y a lieu de déterminer dans la vie des sociétés des lois de coexistence et des lois de succession. Mais ces lois sont fragmentaires, incomplètement systématisées.

Les déductions et les prévisions fondées sur elles ne

peuvent être que probables, jamais certaines. Tel est sans aucun doute le caractère que M. J. de Gaultier confère à ses propres vues sociologiques qu'on peut résumer ainsi : loi de Bovarysme appliquée à l'histoire, à la culture, à l'évolution des sociétés, des races et des peuples ; indication des conditions d'âge, de durée, de stabilité éthique et sociale sous lesquelles le bovarysme des collectivités est heureux ou néfaste ; théorie de la réalité sociale considérée comme un compromis entre deux principes contraires : entre un pouvoir d'accélération et un pouvoir d'arrêt, entre un pouvoir de dissociation et un pouvoir d'intégration, entre le dionysisme et l'apollinisme (1), entre l'individualisme et le conservatisme social ; théorie du poison chrétien virulent dans le protestantisme, atténué dans le catholicisme ; interprétation des idées cosmopolites et humanitaires comme un moyen au service des hors-venus dans notre pays pour bovaryser ce pays dans un sens conforme à leur intérêt ; sur la question sociale envisagée comme la question de savoir « si nous trouverons désormais notre équilibre au moyen de principes d'arrêt, de freins que nous aurons nous-mêmes fabriqués et qui s'adapteront à nos besoins ou si nous continuerons d'avoir recours à un frein étranger et qui menace de nous désarticuler. » (*Nietzsche contre le Surhomme*. *Mercure* du 16 août 1908, p. 576.)

Toutes ces questions ne sont pas d'ailleurs, d'après

(1) Ces mots ont reçu des sens bien différents. En dehors du sens purement esthétique dont nous ne parlons pas ici, on pourrait distinguer un sens éthique et un sens sociologique des mots dionysisme et apollinisme. Le dionysisme éthique serait le dérèglement de l'instinct et de la passion opposé à la mesure et à la règle symbolisées par l'apollinisme (voir sur ce point Seillière, *Apollon et Dionysos*). En sociologie, le dionysisme représente le pouvoir d'accélération, l'élan de la vie vers de nouvelles réalisations ; l'apollinisme symbolise le pouvoir d'arrêt et de fixation, la culture passive par opposition à la culture active.

M. J. de Gaultier, susceptibles d'une solution objective, impersonnelle, mathématique en quelque sorte. Ce sont des problèmes à solution indéterminée. Il y entre, comme en tout problème sociologique, un facteur personnel : le goût, le « je suis cela » physiologique; le parti-pris qui détermine l'attitude du sociologue en face de la question posée. Observation parfaitement juste; fatalité à laquelle n'échappent pas, croyons-nous, les sociologues soi-disant objectifs ; ils ont, eux aussi, leur pensée de derrière la tête, je veux dire leur goût, leur parti-pris de sensibilité dissimulé derrière l'objectivité des méthodes et des doctrines.

La morale. — Une morale est-elle possible dans la philosophie spectaculaire? M. J. de Gaultier pose ce problème dans les dernières pages de *De Kant à Nietzsche*. Il y répond affirmativement et la morale qu'il y formule répond à la sociologie qui vient d'être esquissée. Cette morale s'adresse aux esprits dégagés du préjugé religieux de la Vérité, qui considèrent la morale comme une science d'observation et le phénomène moral comme un phénomène d'utilité. C'est précisément à ces esprits libres, à ces « intellectuels » au sens où M. de Gaultier prend ce mot et qui n'est pas le sens qu'on lui a parfois attaché, c'est à ces intellectuels, dis-je, qu'il appartient d'être juges de ce qui répond et de ce qui convient au « type normal » d'un groupe ethnique et à l'utilité nationale de ce groupe, surtout quand ce groupe a, comme la France, un passé, une culture, un style. « L'intervention de ces esprits libres est seule capable de retirer des fictions anciennes prêtes à sombrer tout ce qu'elles contenaient d'utile et d'essentiel (1) ». M. de Gaultier conclut à un conservatisme éclairé, fondé sur des raisons de physiologie ethnique.

(1) *De Kant à Nietzsche*, p. 347.

On ne peut s'empêcher de noter ici quelque contraste entre ce conservatisme social et la critique destructive qui vient de pulvériser tant d'idoles. Mais il faut bien voir la signification que prend ce conservatisme sous le jour de l'optique spectaculaire. Il se justifie de ce point de vue comme le moyen de sauvegarder ce qu'il y a de fort, de précieux et de vivace dans une noble culture humaine et d'en faire surgir de nouvelles réalisations curieuses et raffinées.

La morale n'est, pour M. J. de Gaultier, qu'un moyen en vue de l'esthétique. C'est à cette place subordonnée qu'elle peut être admise. Son rôle ainsi compris est plus intéressant que celui du Croquemitaine légendaire. Sous l'optique de l'artiste, la morale vaudra par sa vertu d'affinement psychologique, par sa puissance d'intensification et de complication sentimentales, d'approfondissement des passions, des douleurs et des joies : elle vaudra comme principe d'illusion et de bovarysme susceptible de dramatiser, d'esthétiser et de styliser l'existence.

La philosophie des sciences. — La notion du bovarysme s'applique ici encore sous la forme de ce que M. de Gaultier appelle le bovarysme du phénomène ou illusion de la fausse causalité. Dans ce rôle, le bovarysme nous apparaît comme le moteur de la science, de même qu'il nous est apparu ailleurs comme le moteur de l'histoire. Rappelons aussi l'ingénieuse exégèse que M. de Gaultier a donnée des théories quintoniennes comme confirmation de l'interprétation bovaryque et esthétique de l'existence.

La critique d'art. — La notion du bovarysme appliquée à la critique d'art n'est pas moins féconde. En appliquant cette notion à l'étude de quelques grandes œuvres modernes, celles de Flaubert, des Goncourt, d'Ibsen, de Tolstoï, de M. Barrès, M. de Gaultier a inauguré un genre de critique d'une rare originalité et nous a fait voir ces œuvres sous un jour tout nouveau.

LES CARACTÈRES ESSENTIELS DE LA PHILOSOPHIE DE M. DE GAULTIER

Au terme de notre étude, résumons les caractères essentiels de cette philosophie.

Son premier trait nous semble être l'irrationalisme. Tandis que le rationaliste se représente le monde comme un système fermé, un système clos, calculable par conséquent et formulable dans toutes ses parties et à tous les moments de son développement, l'irrationaliste se représente l'univers comme un devenir sans commencement ni terme; un devenir qui laisse place à tout moment à un élément d'aléa. Le rationalisme et l'irrationalisme nous semblent correspondre à deux sensibilités opposées. La sensibilité rationaliste est celle de ceux qui aiment à vivre tranquillement en une propriété bien close, dans des horizons connus, au milieu de jardins tirés au cordeau. La sensibilité irrationaliste est celle des amants de l'inconnu, de l'imprévu, du divin hasard. L'irrationaliste se complaît dans le sentiment de ce qu'il y a d'incertain, d'obscur et de trouble dans nos destinées. Il dirait volontiers avec un personnage de M. Maeterlinck : « Ne faisons pas de lois avec quelques débris ramassés dans la nuit qui entoure nos pensées (1). »

L'irrationalisme de M. J. de Gaultier doit-il le faire ranger parmi les pragmatistes? — Il s'agit ici de s'en-

(1) *Joyzelle*, acte V scène II.

tendre. Le pragmatisme répond à un double problème : celui de la genèse et celui de la fin de la connaissance. Sur la première question, la solution du pragmatisme se confond avec la solution irrationaliste. Pour les pragmatistes, la connaissance n'est pas l'intuition d'une vérité absolue et *a priori* ; ni le développement nécessaire d'une dialectique abstraite ; l'intelligence est quelque chose de vivant et d'agissant, de mouvant et de hasardeux. Elle est une réussite. En ce sens, on peut dire que M. de Gaultier est pragmatiste. — Sur la seconde question, celle de la fin de la connaissance, le pragmatisme n'a pas une réponse unique. Selon certains pragmatistes, la fin de la connaissance est l'utilité, le succès dans les entreprises. C'est là un pragmatisme d'hommes d'affaires. Selon d'autres pragmatistes qui, à la vérité, sont parfois les mêmes que les précédents, le but à poursuivre est l'amélioration morale des contemporains. Philosophie de gens moraux et pratiques, de l'espèce de ces financiers new-yorkais qui, ayant cru observer une influence du sentiment religieux sur la bonne tenue des cours à la Bourse, font célébrer, dans les environs de Wall-Street, des offices rapides pour hommes d'affaires.

Je n'ai pas besoin de dire que M. de Gaultier n'est pas pragmatiste de cette façon. La fin qu'il assigne à la connaissance n'est ni l'utilité, ni le succès, ni la moralité publique ; c'est tout uniment la joie de la contemplation. Son pragmatisme n'est pas un pragmatisme utilitaire ni éthique, c'est un pragmatisme esthétique.

Intellectualisme, esthéticisme, voilà, en effet, le trait dominant de sa philosophie. Certains critiques ont relevé une contradiction entre le pragmatisme de M. de Gaultier et son intellectualisme esthétique. Il y a antithèse, ont-ils dit, entre le pragmatisme, qui est une philosophie de l'action, et l'intellectualisme, qui est une attitude contemplative. Nous examinerons un peu plus loin ce débat capital et la façon dont M. de Gaultier le solutionne à l'aide de son principe de la conciliation des contraires ou du synthétisme universel. Pour le moment, signalons seulement ce principe du synthétisme comme une nouvelle caractéristique de cette philosophie. Compromis entre le dionysisme et l'apollinisme, entre l'action et la contemplation, entre la vie et la connaissance, ce synthétisme se retrouve partout dans la dialectique bovaryque.

Ce synthétisme lui-même n'est possible qu'à une condition : c'est que les thèses et les antithèses de cette mouvante dialectique ne soient point posées comme des vérités absolues; car deux absolus contraires sont inconciliables. A travers toute la série des antinomies bovaryques, la thèse, l'antithèse et la synthèse n'ont que la valeur de fictions, de symboles psychologiques ou métaphysiques que le philosophe se propose de faire rentrer dans des symbolismes aussi cohérents que possible. Tout n'est que fiction et symbole. Nous arrivons ainsi à un nouveau caractère de la philosophie de M. de Gaultier : le fictionisme ou le symbolisme universel. On pourrait même dire le *polysymbolisme;* car M. de Gaultier nous laisse généralement le choix entre plusieurs symbolismes plus ou moins commodes selon le point de vue du philosophe. Ainsi la première et la seconde philosophie que nous avons distinguées dans le développement de sa pensée sont deux symbolismes vrais, c'est-à-dire cohérents sur des plans différents. Un autre couple de symbolismes interchangeables et susceptibles d'être adoptés *ad libitum*, selon le point de vue et leur commodité pour l'esprit, c'est la double interprétation psychologique et mécaniste du bovarysme. Un autre est la double interprétation de l'idéalisme : idéalisme subjectif ou berkeleyen; idéalisme universaliste ou hindouiste. Parmi ces symbolismes, aucun n'est plus vrai que les autres. Ils s'entrevalent, interchangeables, superposés sur des plans différents, comme des séries d'arcs en ciel diaphanes, lumineux, irréels, suspendus dans le Ciel Hasard, le Ciel Pétulance de Nietzsche.

Si ce symbolisme se prête si bien aux jeux de la pensée, c'est que la pensée, et même la pensée individuelle, la sensibilité individuelle, est, au fond, la mesure de tout. Notons donc encore ce trait : le subjectivisme de cette philosophie. Ce subjectivisme s'avère partout : dans la théorie du parti-pris philosophique et sociologique, chaque individualité se créant sa philosophie et son échelle des valeurs en vertu d'un « je suis cela » personnel; chaque philosophie n'étant, au fond, que la révélation d'un tempérament, qu'une méthode d'hygiène morale ou de psychiatrie appropriée à une individualité.

Ce subjectivisme est d'ailleurs commandé par le point de vue spectaculaire. Au fond, tout le drame humain n'a d'autre fin que d'assouvir la curiosité d'un spectateur qui est *moi*.

Subjectivisme enfin implique aristocratisme. L'œuvre de M. de Gaultier est une philosophie d'initiés, bannière de ralliement pour des frères de même sang en philosophie.

Résumons ces quelques indications : irrationalisme, esthéticisme, fictionisme ou symbolisme universel, subjectivisme, aristocratisme, tels sont les traits les plus marquants de cette philosophie.

LES ANTÉCÉDENTS DE CETTE PHILOSOPHIE. — SON ORIGINALITÉ

M. J. de Gaultier s'apparente à Erasme, à Spinoza, à Schopenhauer et à Nietzsche pour l'attitude spectaculaire ; à Hume et à Nietzsche pour l'irrationalisme ; à Leibnitz et à Hegel pour le synthétisme et le polysymbolisme.

Mais il y a de grandes différences entre ces penseurs et lui. Le rapport de lui à eux n'est pas un rapport d'imitation, mais un simple rapport d'affinité. Aucun des philosophes cités plus haut n'a adopté complètement l'optique de l'artiste. Aucun ne s'est tenu jusqu'au bout au point de vue spectaculaire.

Le pessimisme hindouiste de Schopenhauer se range au fond sous l'optique eudémoniste et éthique, non sous l'optique esthétique. Le pessimiste schopenhauérien n'est pas détaché du souci du bonheur et de la moralité. L'art, la contemplation esthétique ne sont pour lui qu'un moyen de délivrance, un acheminement au salut, à la sainteté, au nirvana bouddhique.

Nietzsche a nettement adopté à un certain moment l'optique de l'artiste (*Origine de la Tragédie*) ; mais il ne s'y est pas tenu. Il a subordonné l'amour de la contemplation à la hantise de la volonté de puissance, à l'ascétisme héroïque, à la théorie du Surhomme ; en un mot, si paradoxal que cela puisse sembler chez cet immoraliste, à l'éthique.

Spinoza est peut-être celui qui incarne le mieux l'attitude du contemplateur par son pur détachement intellectuel, *amor intellectualis Dei*. Mais il ne s'est pas affranchi complètement peut-être du souci eudémoniste. Il aspire, comme le stoïcien, à la sagesse et à la félicité par le règne de la Raison. Seul M. J. de Gaultier épure l'optique de l'artiste de toute considération eudémoniste, éthique ou ascétique. Pour Nietzsche, l'art demeure un moyen et un stimulant de la vie. M. J. de Gaultier ne subordonne pas l'art à la vie. La vie serait plutôt, selon lui, un moyen pour la satisfaction du sens artiste. Chez lui s'affirme la pleine indépendance du point de vue esthétique.

Les facultés maîtresses de M. J. de Gaultier s'harmonisent avec cette conception de la philosophie. Elles se ramènent à deux : la faculté systématique et la faculté poétique, le don de la vie, le don d'exprimer en phrases nombreuses, frémissantes de passion contenue, le rythme large, la beauté sereine et triomphante de la vie.

QUELQUES POINTS D'INTERROGATION OU DIFFICULTÉS

Une première question est celle-ci : pourquoi M. Jules de Gaultier, parti des conclusions de *la Critique de la Raison Pure*, ne s'en est-il pas tenu à l'attitude agnostique formulée en *De Kant à Nietzsche?*

Cela n'eût-il pas été plus logique que d'instituer une nouvelle métaphysique, la métaphysique spectaculaire, cette métaphysique étant, au fond, comme les autres, une façon de pénétrer les intentions secretes de la nature et l'*en-soi* des choses, absolument comme si *la Critique de la Raison pure* n'avait pas été écrite? — Réponse à l'objection : M. J. de Gaultier ne prétend pas atteindre l'absolu, mais seulement instituer un symbolisme ou plutôt une série de symbolismes ou représentations figuratives du monde sous l'optique d'une sensibilité particulière. Il ne faut pas oublier que Kant lui-même a fait une hypothèse métaphysique pour construire *la Critique de la Raison pure* et justifier l'agnosticisme (hypothèse de la chose en soi distincte du phénomène). M. J. de Gaultier, dans sa seconde philosophie, fait l'hypothèse inverse (négation de la chose en soi) et édifie logiquement sur cette hypothèse ses conclusions monistes, phénoménistes et spectaculaires.

2° Une autre difficulté est relative au postulat fondamental impliqué dans la notion du bovarysme. Ce postulat n'est autre que la foi au pouvoir de l'idée, de la notion inculquée, de l'éducation et de la morale ; en un mot, la foi au pouvoir de la suggestion bovaryque sur la pensée et la conduite des hommes. Or,on sait que ce pouvoir a été nié ou contesté ou, en tous cas, considérablement réduit par beaucoup de bons esprits. Un Stendhal, un Fourier, un Gobineau croient qu'en nous le tempérament, la physiologie, la race font tout ; que les notions inculquées du dehors, les idéaux que font miroiter devant nous les éducateurs et les moralistes n'ont jamais modifié sérieusement notre nature originelle ni changé le cours de nos désirs, de nos résolutions et de nos destinées. M. Remy de Gourmont professe nettement cette opinion. D'autres écrivains ont une attitude moins nette et même quelque peu contradictoire. Tel M. Barrès. Voici, en effet, dans *le Jardin de Bérénice* les idéologies pédantocratiques que représente l'ingénieur Charles Martin convaincues de pauvreté et d'impuissance; les voici représentées comme dépourvues de toute portée, de toute force de pénétration dans les âmes. Et voici d'autre part M. Barrès, dans *les Déracinés*, attribuant au professeur Bouteiller une influence étonnante et, à mon avis, infiniment exagérée sur l'avenir de ses élèves nancéens.

Comment M. J. de Gaultier solutionne-t-il cette difficulté? Affirme-t-il, contrairement à Stendhal, à Gobineau, à M. Remy de Gourmont, l'influence décisive des idéaux inculqués sur la conduite des individus ou des peuples ? Il affirme sans doute cette influence ; cette affirmation, nous l'avons dit, se trouve impliquée dans l'énoncé même du bovarysme. Toutefois, il ne croit pas cette influence également puissante sur tous les hommes. Il distingue deux types d'hommes, qu'il appelle le type physiologique et le type social. Le premier type, plus ou moins réfractaire au bovarysme, renferme les natures originales dans le mal ou dans le bien ; le second type comprend les natures aisément bovarysables et toutes prêtes à subir le prestige de l'éducation. Cela revient à dire que les natures moyennes sont aisément suggestibles ; les autres non.

Cette solution pourrait suffire ; mais M. J. de Gaultier, fidèle à la discipline de pensée qui le porte à donner d'un fait plusieurs interprétations sur des plans différents entre lesquels il laisse le choix au lecteur, va superposer à cette solution psychologique du problème une solution métaphysique. Celle-ci consiste à traduire le fait du bovarysme en deux langages interchangeables : le langage psychologique et le langage physiologique ou mécaniste. Dans le premier langage, le bovarysme est, pour un individu, ou pour un peuple, le fait de se concevoir et de se vouloir autre sous l'influence d'un idéal qu'on lui propose. Dans le second langage, le bovarysme exprime la rencontre, le conflit et les réactions mutuelles de deux physiologies dont la plus forte asservit la plus faible conformément au déterminisme de la force.

3° Voici maintenant une objection possible contre l'esthéticisme spectaculaire : comment la Pensée universelle, guidée par un souci de contemplation et de beauté, a-t-elle pu créer un monde si franchement laid en quelques-unes de ses parties ; laid d'une laideur non tragique, ni grandiose, ni effrayante, mais simplement plate, vulgaire, mesquine, hideuse et dégoûtante ? Cette platitude du spectacle à de certains moments ne justifie-t-elle pas la sensation d'ennui symbolisée par Nietzsche dans le mythe du Retour éternel, le Retour éternel de l'homme petit ? — M. J. de Gaultier répondrait peut-être que l'Artiste universel a sans doute obéi ici à la loi scénique du contraste ; que, d'ailleurs, pour qui sait bien voir, il n'y a rien de vil dans la maison de Jupiter. Cette réponse ne satisfera peut-être pas les pessimistes impénitents qui trouvent la pièce décidément plate et maussade.

4° Nous arrivons à une dernière et capitale difficulté : celle qui concerne les rapports de la pensée et de l'action, dans la philosophie spectaculaire. L'attitude spectaculaire, ont dit certains critique s'implique une dissociation de la pensée et de l'action, de la connaissance et de la vie. Cette dissociation aboutit logiquement elle-même à un absolu détachement de l'action et de la vie, à un nihilisme de rêveur apollinien, à un dilettantisme aboulique, indifférent et impassible. Ce n'est qu'au prix d'une contradiction que M. J. de Gaultier s'efforce de sauvegarder dans sa conception du monde les intérêts de la vie et les droits de l'action.

La contradiction reprochée à M. J. de Gaultier existe-t-elle ? Elle existerait si M. de Gaultier avait admis la possibilité d'une dissociation véritable, complète, absolue, entre la pensée et l'action, entre la connaissance et la vie. Mais il n'en est pas ainsi. Fidèle à son principe d'universel synthétisme, M. J. de Gaultier insiste sur cette idée que l'amour de la vie et le goût du spectacle, que la sensibilité instinctive et la sensibilité spectaculaire, que la joie de vivre et celle de se regarder vivre s'impliquent, s'enveloppent, s'excitent mutuellement, comme l'élément mâle et l'élément femelle, à la commune ardeur de l'acte et de la jouissance. Porté à l'absolu et isolé de son contraire, chacun de ces deux éléments fondamentaux de notre nature s'abolirait lui-même. L'absolue impassibilité spectaculaire, telle qu'on l'a prêtée quelquefois à un Flaubert ou à un Leconte de Lisle, est irréalisable.

« Les contemplatifs, dit M. J. de Gaultier, risquent, « par l'exagération de leur passion, d'en voir disparaître « l'objet. Ils n'entrent en effet en relation avec tous ces « objets du monde extérieur qu'autant que leur sensibi- « lité est encore affectée par eux : quelque joie à consi- « dérer les formes et les couleurs leur rend seule per- « ceptibles les formes et les couleurs ; quelque émotion au « contact des passions humaines leur permet seule de « connaître les passions humaines. Cette joie de curiosité « affirme encore et maintient l'existence du sujet. Elle « joue le rôle de la couche légère de gélatine qui, au « fond de la chambre noire, se montre sensible à l'action « de la lumière et s'empare, pour le fixer, du reflet des « objets. Si l'on retranche cette joie, comme étrangère « à l'acte même de la connaissance, voici le pur contem- « platif privé de toute communication avec les objets « de sa contemplation (1)... » L'état purement contemplatif serait une monstruosité, un *monstrum per excessum* ; il supposerait des êtres tout en cerveau, comme ces Ases qu'imaginait Renan dans un avenir lointain de

(1) *Le Bovarysme*, p. 265.

l'humanité. Pour que le spectateur s'intéresse au jeu de l'acteur, il faut qu'il y ait en lui quelque chose de la nature de l'acteur, un retentissement des passions de ce dernier, un écho de ses cris, une ébauche de ses gestes.

Ainsi le principe du synthétisme bovaryque s'applique ici une fois de plus et permet au philosophe de solutionner l'antinomie de la pensée et de l'action. La passion de contempler et la passion de vivre « puisent le principe de leur existence à la même source (1) ».

Est-ce à dire maintenant que cette conciliation des exigences de notre nature active et de notre nature contemplative écarte tout conflit entre ces deux parties de notre être toujours en délicatesse l'une avec l'autre ? Est-ce à dire que les deux natures, unies dans leur principe, ne vont pas diverger dans leur développement et s'opposer plus d'une fois l'une à l'autre dans les diverses combinaisons où elles entreront chez les différents individus humains? Evidemment non. — La solidarité originelle de ces deux natures ne les empêche pas de se mêler en proportions fort inégales chez les différents individus. La parfaite harmonie, la proportion idéale entre elles se trouve réalisée peut-être à de lointains intervalles en quelques individualités d'élite, rares exemplaires d'humanité supérieure dont un Léonard de Vinci ou un Stendhal peuvent donner une idée, âmes privilégiées chez lesquelles la jouissance de l'action se double de la jouissance de l'analyse, de la contemplation et du rêve. — Mais en dehors de ces cas exceptionnels et, pour ainsi parler, de ces réussites humaines, l'antithèse de la contemplation et de l'action reprend ses droits et aboutit facilement à leur divorce. En général, les contemplatifs ont conscience de leur inaptitude à l'action ; témoin :

(1) *Raisons de l'Idéalisme.*

Amiel. Et ceux d'entre eux qui ont voulu être des hommes d'action ont peu réussi dans ce dernier rôle. Témoin : Benjamin Constant. Le spectaculaire et l'homme d'action resteront toujours deux types antithétiques. Le spectaculaire n'est pas un homme d'action ; l'homme d'action n'est pas un spectaculaire. L'homme d'action demande à la vie autre chose que ce que lui demande le spectaculaire.

Tous deux aiment la vie à leur façon et, comme le remarque justement M. J. de Gaultier, le spectaculaire n'est pas forcément hindouiste, schopenhauérien, pessimiste et dépréciateur de la vie. Mais tous deux aiment la vie pour des motifs différents : l'un aime la vie pour les thèmes de contemplation qu'elle lui offre ; l'autre pour les occasions d'agir qu'elle lui fournit.

C'est pourquoi l'attitude spectaculaire, qu'elle se formule dans l'ordre poétique, dans l'ordre littéraire ou dans l'ordre philosophique, inspirera toujours une secrète antipathie et une obligatoire défiance aux hommes d'action qui sont des hommes de foi, qui veulent *conclure* pour eux-mêmes et pour les autres, ce qu'interdit, nous l'avons vu, l'attitude proprement intellectuelle.

L'instinct des hommes d'action ne les trompe pas. Ce n'est pas de l'intellectuel spectaculaire qu'il faut attendre le coup de clairon vers l'action. L'homme qui ne voit dans la vie qu'une fiction et un spectacle ne peut, quand il le voudrait, prendre la vie au sérieux de la même façon et au même degré que celui qui croit à la réalité des choses, à la réalité de son action et de son œuvre.

Cette antithèse de l'homme d'action et du contemplatif est-elle une objection valable contre la philosophie bovaryque ? Non ; car cette antithèse même des deux natures psychologiques entre lesquelles se partage, selon des modes infiniment variés, l'espèce humaine, cette antithèse est précisément une condition qui assure la diversité du drame humain et l'inépuisable variété des personnages qui figurent sur la scène du monde.

La philosophie bovaryque justifie ainsi du point de vue spectaculaire les modes infinis selon lesquels, chez les individus humains, l'élément actif se combine à l'élément contemplatif. Il reste toutefois que la vision de l'univers que nous propose M. J. de Gaultier n'est pas celle que s'en feront volontiers les hommes d'action. L'univers bovaryque n'a pas pour eux une réalité et une consistance suffisantes. Cet univers scénique, si ingénieusement disposés que soient les portants du décor, si bien réglés que soient les jeux de scène, si régulières que soient les évolutions des personnages métaphysiques qui s'y donnent la réplique selon le mouvement alterné des strophes et des antistrophes, cet univers si habilement construit qu'il donne à de certains moments l'illusion d'un univers réel, cet univers, dis-je, n'en garde pas moins un caractère fictif et irréel, une inconsistance de rêve bouddhique, qui doit le rendre antipathique à l'homme d'action, inhabitable pour l'homme d'action, lequel est toujours un peu un philistin, un homme qui « croit comme une brute à la réalité des choses ».

Par contre, l'univers bovaryque plaira sans réserves au pur spectaculaire, au dilettante social. — Nous acceptons pleinement, pour notre compte, cette vision fantastique et shakespearienne du drame vital, sans éprouver le désir de voir se durcir les contours fantomatiques des apparences qui la composent. Nous admirons dans la philosophie bovaryque la mise en théorie lucide, ingénieuse et profonde d'une attitude chère à quelques-uns de nos plus grands penseurs et artistes, un Flaubert, un Leconte de Lisle, un Anatole France et, du haut du belvédère spéculatif où nous a conduits M. de Gaultier, nous contemplons les perspectives panoramiques que fait surgir devant nous ce prestigieux évocateur de la vie, cet incomparable impresario métaphysique.

BIBLIOGRAPHIE

LES ŒUVRES

Le Bovarysme. La psychologie dans l'œuvre de Flaubert. Brochure. Paris, Léopold Cerf, 1892, in-8. — **De Kant à Nietzsche.** Paris, Société du Mercure de France, 1900, in-18. — **Le Bovarysme.** Paris, Société du Mercure de France, 1902, in-18. — **La Fiction universelle.** Paris, Société du Mercure de France, 1903, in-18. — **Nietzsche et la Réforme philosophique.** Paris, Société du Mercure de France, 1904, in-18. — **Les Raisons de l'Idéalisme.** Paris, Société du Mercure de France, 1906, in-18. — **La dépendance de la Morale et l'Indépendance des mœurs.** Paris, Société du Mercure de France, 1907, in-18. — **Entretiens avec ceux d'hier et d'aujourd'hui. Comment naissent les dogmes.** Paris, Société du Mercure de France, 1912, in-18.

PÉRIODIQUES

La Revue indépendante, décembre 1891. *A propos de l'Angelus.* Il s'agit de l'Angelus de Millet et cet article forme un essai sur le consentement universel proposé comme Criterium à rebours. — **Revue de la France moderne.** 5 numéros, avril à août 1892. *Le Bovarysme ou la Psychologie dans l'œuvre de Flaubert.* — **La Revue blanche.** *Essai de physiologie poétique à propos des poèmes de M. Paul Verlaine*, mai, juin et juillet 1894. — Sous cette rubrique : *Feuilleton philosophique.* Une *Introduction à la vie intellectuelle*, nos des 1er déc. 1895, 15 janvier, 15 mars, 1er mai et 1er août 1896 et 1er janvier 1897. — *Les Goncourt et l'Idée d'art*, 1er mai 1897. — *Ibsen*, 15 mars et 1er avril 1898. — *Frédéric*

Nietzsche, 1er décembre 1898. — *Tolstoï*, 15 septembre 1898. — **Revue pour les jeunes filles**. *Le sentiment de la nature et les voyages*, 5 sept. 1896. — **Mercure de France**: *De l'Intellectualisme*, avril 1898. — *Le Bouddhisme en Occident*, février 1898. — *De Kant à Nietzsche*, avril, juin, juillet, août, octobre, décembre 1899, janvier, février, mars 1900. (Cette série comprend les neuf chapitres qui, à la suite de quelques remaniements, composèrent le volume). — *Le Bovarysme des Déracinés*, juillet 1900. — *De la nature des Vérités*, septembre 1901. — *La Métaphore universelle*, mai 1903. — *La Réalité amoureuse*, septembre 1903. — *Nietzsche et la Pensée française*, septembre 1904. — *Une signification nouvelle de l'idée d'évolution*, 1er et 15 juin 1905. — *La métaphysique du spectacle*, 1er mars 1906. — *La Vertu de l'illogique*, 1er déc. 1907. — *Le Bovarysme de l'Histoire*, 16 avril 1908. — *Nietzsche contre le Surhomme*, 16 août 1908. — *Une philosophie est-elle encore possible?* 16 sept. 1908. — *Pragmatisme*, 1er fév. 1909. — *Notes sur le Cynisme*, 1er sept. 1909. — *La Morale et l'enseignement de la morale*, 1er juin 1910. — *Une critique de l'Idée de Progrès*, 1er août 1910. — *Comment naissent les dogmes*, 1er septembre 1911. — (Rubrique philosophique du 1er octobre 1906 au 1er décembre 1910). — **Flegrea**. *Le Philosophe comme créateur de Valeurs*. 20 juin 1901. — *Etat de la philosophie en France*, 20 nov. 1901. — **Revue hebdomadaire**. *Le sens de la hiérarchie chez Nietzsche*, 23 mars 1901. — **Action française**. *Réponse à l'enquête sur le Protestantisme*, 15 mai 1900. — **Ermitage**. *Le sentiment de la nature et son apparition tardive*, 15 oct. 1905. — **Revue philosophique**. *La Dépendance de la morale et l'indépendance des mœurs*, octobre 1907. — *Les deux erreurs de la Métaphysique*, février 1909. — *Le Réalisme du continu*, janvier 1910. — *Pragmatisme et scientisme*, juin 1911. — Antérieurement quelques analyses d'ouvrages. — **Revue des Idées**, *Schopenhauer et Nietzsche*, 15 fév. et 15 mars 1904. — *Nietzsche et la croyance idéologique*, 15 sept. 1904. — *Le Problème de Descartes*, 15 fév. 1905. — *Une définition de la mémoire*, 15 juin 1905. — *Henri Heine et le Romantisme de la Raison*, 15 août 1905. — *L'idéalisme et ses conséquences*, 15 déc. 1905 et 13 janvier 1906. — *Commentaire des Raisons de l'Idéalisme*, 15 déc. 1906. — *La Psychologie dans l'œuvre de Flaubert*, juillet, août, septembre 1908. — *L'Evolution biologique et le pouvoir intellectuel*, octobre 1908. — *Bovarysme et déterminisme*, 15 juin 1909. — *La Loi de constance et l'incalculable*, décembre 1909 et janvier 1910. — *Pragmatisme, Intellectualisme*, 15 octobre 1911. — Indépendamment des articles cités ci-dessus, M. de Gaultier a donné à la *Revue des Idées* depuis l'année de sa fondation (1904) nombre de notes et d'analyses.

Cœnobium. *Le point de vue spectaculaire et le Point de vue moral*, avril 1909. — **La Société nouvelle**. *Une métaphysique du phénomène*, mai 1909.

A CONSULTER

I. — LES LIVRES

V. Cornetz : *Un des aspects de l'illusion du joueur d'échecs*. Paris, Numa Preti, 1907, in-16. — **Arnold van Gennep** : *Religions, mœurs et légendes*. Paris, Société du Mercure de France, 1908, in-18. — **Remy de Gourmont** : *Promenades littéraires*. Paris, Société du Mercure de France, 1908, in-18. — **Arthur Hughes** : *Atheism and Immortality*. Norwich, 1908. — **Henri Mazel** : *Ce qu'il faut lire dans sa vie*. Paris, Société du Mercure de France, 1903. — **Th. Ribot** : *Problèmes de Psychologie affective*. Alcan, 1910, in-16. — **Louis Thomas** : *Vingt portraits*. Paris, Albert Messein. — **Algar Thorold** : *Notes on the philosophy of disillusion* London, Archibald Constable and C°, 1909, in-16. — **Giovanni Vidari** : *L'Individualismo nelle dottrine morali del secolo XIX*. Milano. Hapli 1909. — **Paul Wiegler** : *Franzœsiche Rebellen*. Berlin, Gose et Tetzlaff, 1903, in-16.

II. — JOURNAUX ET PÉRIODIQUES

Lucien Corpechot : *le Bovarysme des Japonais*, Le Soleil. — **Médéric Dufour** : *Notes de littérature. Le Bovarysme*. Le Progrès du Nord du 19 septembre 1905. — **Havelock Ellis** : *Bovarysm*. The Weekly critical review, 1er octobre 1903. — **Arnold van Gennep** : *De quelques cas de Bovarysme collectif*. Mercure de France du 16 mai 1908. — **Remy de Gourmont** : *Pariser brief*. Wiener Rundschau du 1er mai 1899. *Un nouveau philosophe*, Jules de Gaultier. The Weekly critical review 25 juin 1903. — **J. Haas** : *Jules de Gaultier. Le Bovarysme* Zeitschrift für franzœsische Sprache und Litteratur, XXVI, 2. — **Harlor** : *Bovarysme collectif*. La Fronde, 25 juillet 1902. — **T.-E. Hulme** : *Seachers after reality. Jules de Gaultier*. The New age, 2 décembre 1909. — **Henri Lichtenberger** : *Nietzsche in Frankreich*. (Wien). Die Zeit., 1er septembre 1900. — **Rudolph Lothar** : *Bovarysmus*. Die Zeit, Vienne. — **Charles Maur-**

ras : D'Emma Bovary au Grand Tout. Gazette de France, 25 août 1902. — **Francis de Miomandre** : *Un philosophe français. M. Jules de Gaultier*. L'Art moderne du 16 février 1908. — **Lucien Moreau** : *De Kant à Nietzsche*. Revue encyclopédique, Larousse, 2 juin 1900. — **Natanio il Savio** (Giuseppe Rensi) : *Il Bovarysmo metafisico*. Cœnobium, novembre 1906. — **Louis Pagnat** : *Enquête sur l'Amour*. Pages modernes, novembre 1907. — **Georges Palante** : *Le Bovarysme. Une moderne philosophie de l'Illusion*. Mercure de France, 1er avril 1903. — *Jules de Gaultier : Nietzsche et la Réforme philosophique*. Revue philosophique, décembre 1905. — **Fr. Paulhan** : *Jules de Gaultier. Le Bovarysme* Revue philosophique, septembre 1903. — *Jules de Gaultier. La Fiction universelle*. Revue philosophique, mars 1904. — *Jules de Gaultier. Les Raisons de l'Idéalisme*. Revue philosophique, décembre 1906. — *Jules de Gaultier. La dépendance de la morale et l'Indépendance des mœurs*. Revue philosophique, juin 1908. — **Th. Ribot** : *Sur une forme d'illusion affective*. Revue philosophique, mai 1907. — **Prof. Raoul Richter** : *Nietzsches Urteile uber die Franzosen und Urteile der Franzosen uber Nietzsche*. Der Continent, Jahrgang, I, 1907, Heft 12. — **Ste-Claire** : *M. Jules de Gaultier*. Gil Blas, 30 juin 1902. — **Albert Schinz** : *Jules de Gaultier's Theory on the scientific Principles of Ethics*. The Journal of Philosophy, Psychology and scientific Methods, 21 mai 1908. — **Victor Segalen** : *Les Hors la loi : le double Rimbaud*, 15 avril 1906. — **Louis Thomas** : *M. Jules de Gaultier* : La Phalange, 15 novembre 1908. — **Léon Wéry** : *Jules de Gaultier. La Dépendance de la Morale et l'Indépendance des mœurs*. Le Thyrse, décembre 1908.

ICONOGRAPHIE

Comte André Mniszech : Portrait à l'huile, 1899 ; appartient à Mlles L. et M. de Laguionie. — **André Rouveyre** : *Visages : Jules de Gaultier*. Mercure de France du 16 juillet 1911. — **Alcina de Sainte-Luce** : Portrait à l'huile, 1905 (appartient à Mme Jules de Gaultier). — Portrait à l'huile, 1911 (appartient à Mme Jules de Gaultier).

TABLE

Poitiers. — Imp. G. Roy, 7, rue Victor-Hugo.

Poitiers. — Imprimerie du Mercure de France (G. Roy).

www.ingramcontent.com/pod-product-compliance
Ingram Content Group UK Ltd.
Pitfield, Milton Keynes, MK11 3LW, UK
UKHW022123190726
13855UKWH00003B/1018

9 782012 818408